人民司法：

司法文明建设的历史实践
（1931—1959）

沈玮玮　叶开强 等 著

RENMINSIFA:
SIFA WENMING JIANSHE DE
LISHI SHIJIAN

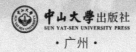
中山大学出版社
SUN YAT-SEN UNIVERSITY PRESS
·广州·

版权所有　翻印必究

图书在版编目（CIP）数据

人民司法：司法文明建设的历史实践：1931—1959 / 沈玮玮等著 . —广州：中山大学出版社，2016.8
ISBN 978-7-306-05827-0

Ⅰ . ①人… Ⅱ . ①沈… Ⅲ . ①司法制度—法制史—中国—1931—1959 Ⅳ . ① D929.71

中国版本图书馆 CIP 数据核字（2016）第 214252 号

人民司法：司法文明建设的历史实践（1931—1959）
ren min si fa : si fa wen ming jian she de li shi shi jian （1931—1959）

出 版 人：	徐　劲
策划编辑：	李　娜
责任编辑：	范正田
封面设计：	高艳秋
责任校对：	秦　夏
责任技编：	汤　丽
出版发行：	中山大学出版社
电　　话：	编辑部 020-84111996，84113349，84111997，84110779
	发行部 020-84111998，84111981，84111160
地　　址：	广州市新港西路 135 号
邮　　编：	510275　　传　真：020-84036565
网　　址：	http://www.zsup.com.cn　　E-mail：zdcbs@mail.sysu.edu.cn
印 刷 者：	虎彩印艺股份有限公司
规　　格：	787mm×1092mm　1/32　6.375 印张　138 千字
版次印次：	2016 年 8 月第 1 版　　2016 年 8 月第 1 次印刷
定　　价：	20.00 元

如发现本书因印装质量影响阅读，请与出版社发行部联系调换

目 录

绪 论 …………………………………………………… 1
 一、司法文明的内涵 …………………………………… 1
 二、研究说明与内容 …………………………………… 7

第一章 集体智慧：人民司法的历史渊源与初步实践… 11
 一、中央苏区时期的人民司法 ………………………… 11
  （一）人民司法观的历史渊源 ……………………… 12
  （二）早期共产党人的合作 ………………………… 23
 二、革命根据地时期的人民司法 ……………………… 32
  （一）边区人民司法观 ……………………………… 32
  （二）边区司法人的智慧 …………………………… 37
 三、华北人民政府时期的人民司法 …………………… 47

1

（一）审判制度：人民司法的体制建设 ················· 51

　　（二）调解制度：人民司法与人民调解 ················· 52

第二章　依法办事：人民司法的基本前提与立法保障··· 55

　一、实用主义与依法办事 ································· 55

　二、依法办事与土地法制 ································· 60

　　（一）重视土地问题，关注农民权益 ··················· 61

　　（二）政策顺时而变，提倡灵活实用 ··················· 62

　　（三）重视土地立法，提倡有法可依 ··················· 66

　　（四）逐步完善立法，提倡有法必依 ··················· 67

第三章　司法文明：人民司法的基本内涵和体系框架··· 71

　一、人民主权：人民司法观的理论主旨 ················· 72

　　（一）人民专政：司法的政治性 ······················· 72

　　（二）人民民主：司法的人民性 ······················· 77

　二、程序正义：人民司法观的制度根本 ················· 88

　　（一）形式正义论 ··································· 88

　　（二）程序法保障 ··································· 93

　三、法律权威：人民司法观的基本目标 ················· 98

　　（一）用法制治理国家 ······························· 98

（二）司法权威的举措 …………………………………… 100

第四章　如何司法：人民司法在新中国初期的具体实践 … 110

一、民主公正：新中国司法文明建设的蓝图 ……………………110
（一）人民通过人大立法：权力公正 …………………… 110
（二）人民权利通过立法保证：法意公正 ……………… 112
（三）人民应自觉遵守法律：权利公正 ………………… 115
（四）人民监督司法独立审判：司法公正 ……………… 118

二、人民的司法：新中国司法文明建设的基本格局 ……………121
（一）国家都是工具 ……………………………………… 122
（二）运动创造法律 ……………………………………… 124
（三）司法的破与立 ……………………………………… 128
（四）法律要下工矿 ……………………………………… 133

三、人民司法与运动司法：新中国司法文明的法制化进路…136
（一）新中国反革命罪的相关表述 ……………………… 138
（二）新中国初期反革命罪的惩治 ……………………… 146
（三）政治性和人民性的实践统一 ……………………… 156

四、党法关系与审判独立：新中国司法文明建设的难点 ……160
（一）政党与司法的距离 ………………………………… 161
（二）政党与司法的关系 ………………………………… 169

（三）党法关系思想的意义 …………………… 173

　五、人民司法与刑事错案：新中国司法文明建设的亮点……176
　　（一）新中国审判工作的大致背景 ………………… 178
　　（二）刑事错判的认识、举措和成效 ……………… 179
　　（三）坚持三效果的统一 …………………………… 184
　　（四）当前实现的困境 ……………………………… 185

第五章　人民司法：新中国司法文明建设的当代遗产…　189

后　记 ……………………………………………………　**196**

绪 论

一、司法文明的内涵

"司法文明"一词大致在 2002 年开始成为不论是理论界还是实务界关于中国司法改革问题研讨和宣传的共同词语,而在 2002 年之前,官方则是一直在大力提倡"文明司法",总体原则在于通过精神文明建设促进司法系统的文明创建,① 与司法文明的本意差距甚大。在 1997 年之际,仅仅在司法行政系统强调文明司法的意义,公正文明作为司法审判工作的基本要求在 1996 年前后开始出现,② 不过,当时强调的审判领域的文明,与司法公正是紧密相连的。改革开放之初,"文明司法"的提法已经出现,只不过是反思当时野蛮司法的结果,③ "文革"期间,因反对林彪、"四人帮"的倒行逆施而

---

① 张勇:《重塑法官律师角色,创建公正文明司法——99 审改中法官、律师角色研讨会举行》,载《中国律师》1999 年第 9 期;另见赵恒才:《以司法文化建设为载体加强精神文明建设》,载《中国司法》2000 年第 11 期。

② 任群先:《司法公正文明与建设高素质的法官队伍》,载《山东审判》1996 年第 12 期。

③ 杨若寒:《要文明司法 反对野蛮司法》,载《人民司法》1979 年第 4 期。

遭受了残酷的迫害张志新烈士一案中出现的堵嘴割喉等一系列野蛮残忍的审讯行为已经引起了极大的民愤，个别法官开始借改革开放新风之机，针对"勒脖索"这一非法的强制性措施，呼吁在司法审判过程中应当尊重犯罪嫌疑人的人身权利，对罪犯也要坚持革命人道主义精神。可见，当时所谓的"文明司法"仅只是在个案中探究人权保障的意义，在当时的环境下对转变司法审判工作理念无疑是有积极意义的。十年之后公开发表的文章也依然立足于制度化的公正司法保障，强调司法机关在司法过程中要依法办事，禁止有"枉法""违法"情况的发生，这便是司法机关文明司法的实质。①1993年至1998年时任司法部部长的肖扬开始在司法行政系统强调文明司法的意义。文明司法开始被司法精神文明建设所包裹，司法行政系统精神文明建设的内容主要包括司法行政人员（监狱、劳教、律师、公证、基层法律服务等工作人员）的职业道德教育，以及进一步创建现代化文明监狱、文明劳教所、文明律师事务所、文明公证处、文明司法所（基层法律服务所）和文明司法校园等文明单位，作为司法行政系统文明服务的"示范窗口"。最终通过加强党的领导，积极落实司法行政系统的精神文明建设任务。②

　　精神文明建设在中国近代发展的语境为改革开放新词语，将精神文明及物质文明并列的两种文明的理论及政策语汇。该词正式发表于1986年9月28日在北京举行的中共十二届

---

① 韩永三：《文明司法中的困扰》，载《大庆社会科学》1989年第3期。
② 肖扬：《加强司法行政系统精神文明建设》，载《党建研究》1997年第5期。

六中全会，会上通过的《中共中央关于社会主义精神文明建设指导方针的决议》指出："社会主义精神文明建设的根本任务，是适应社会主义现代化建设的需要，培养有理想、有道德、有文化、有纪律的社会主义公民，提高整个中华民族的思想道德素质和科学文化素质。"随后的十年中央开始在全国各行各业推行精神文明建设，司法系统也不例外。1997年开始强调依法治国的国家治理理念，司法系统的依法治国，便开始关注"人"的素质因素。学界开始认为当时司法环境不良，司法不公最直接的原因是深刻影响或支配着司法人员司法行为的职业素质水平不高以及司法人员内在的职业道德自律力量的软化。因司法人员的原因导致司法不公于是成为社会主义精神文明在司法领域建设的重大课题。通过强调司法人员的精神文明建设和外在司法权监督制约机制的双重力量谋求司法公正的社会环境，成为司法精神文明建设的着力点。[①]2002年党的十六大首次提出，"发展社会主义民主政治，建设社会主义政治文明，是社会主义现代化建设的重要目标"，从此，党和国家开始使用"三文明"并提的高频词，即"物质文明、精神文明、政治文明"。这一表述被2004年修宪所采纳，2004年3月14日通过的《中华人民共和国宪法修正案》第十八条将宪法序言第七自然段修改为"……推动物质文明、政治文明和精神文明协调发展，把我国建设成为富强、民主、文明的社会主义国家"。司法文明建设也开始作为政治文明

---

① 彭娟、江启疆：《论精神文明建设与司法环境优化》，载《广东社会科学》1998年第3期。

建设的重要组成部分。司法文明进步成为中国社会主义司法制度优越性的重要标志，也是司法体制改革的重要价值取向。

政治文明是社会文明的重要组成部分，是社会政治建设和发展的重要目标。政治文明的内容涉及国家的政治、法律和民主等多方面。其中，法律、民主构成政治文明的核心内容。董必武曾经就深刻地指出，"说到文明，法制要算一项，虽不是唯一的一项，但也是主要的一项。"① 法治（法制）文明即包含司法文明。其一，法律的真谛在于对人权的确认和保障，法制（法治）的根本宗旨在于尊重和保障人权；其二，人权的司法保障是司法文明的核心标志，并为其注入强大动力；其三，人权的司法保障是中央所主导的新一轮司法改革的重大任务，司法改革的最终成果都要落实到人权保障上。② 人权保障的最终目的又是建立人民满意型的人民司法，这与董必武的人民司法观一脉相承。2008年中央发布的《关于深化司法体制和工作机制改革若干问题的意见》明确指出，司法体制和工作机制改革的目的就是要从人民群众的司法需求出发，以解决影响司法公正、制约司法能力的突出问题为重点，推进社会主义司法制度的完善和发展，建设公正高效权威的社会主义司法制度，为中国特色社会主义事业提供可靠的司法保障。当前的司法改革也是围绕人民满意的人民司法体制和机制的改革而展开，逐步推动中国特色的社会文明建设前进。2013年党的十八届三中全会报告《中共中央关于全面深化改革若干重大问题的决定》

---

① 《董必武法学文集》，法律出版社2001年版，第202页。
② 张文显：《人权的司法保障是司法文明的核心标志》，载《民主与法制时报》2014年10月23日。

和 2014 年十八届四中全会报告《中共中央关于全面推进依法治国若干重大问题的决定》所确立的人权、法治、民主和公正等四个宏观层面的理念进一步提升了司法文明的理念内涵,因为司法文明的最高表现形式就是司法理念。① 而人权、法治、民主和公正的最终体现就是人民满意的人民司法观。

  司法文明意味着司法进步,即更先进的司法理念、司法制度、司法行为和司法文化。司法文明表现为司法的方式文明、结构文明、信赖文明、独立文明和价值文明。司法文明不仅是法治文明的重要组成部分,也是政府文明的重要组成部分,只有实现司法文明才能真正实现法治文明和政治文明。② 具体而言司法的方式文明是以公权力的司法机关作为纠纷解决方式的最终形式。司法的结构文明是建立符合政治性和人民性相协调的司法权结构模式,即建立符合中国国情的司法机构组织。司法的信赖文明包括信赖法官和司法机关、信赖司法纠纷解决程序等,实质是信赖通过法官的社会治理模式,提升法律权威。司法独立的逻辑起点在于司法权的独立。因此,司法的独立文明就是司法权的独立文明,司法独立又是司法信赖的坚实保障。通过不断保证司法独立的制度文明建设来提升司法公信力和司法权威,促进司法文明建设。司法的价值文明就是通过司法活动实现司法正义,即社会正义,从而满足社会主体对个案正义的需求,通过从重视实体正义到强调程序正义的司法改革逐步建立一系列人民满意的司法制度来实现司法正义。综合而言,当代社会司法文明的重要

---

① 刘树德:《司法文明在"四个全面"进程中提升》,载《人民法院报》2015 年 3 月 20 日。
② 张波:《论司法文明》,载《江苏警官学院学报》2003 年第 2 期。

性依然离不开司法的政治性和人民性这一核心要旨。司法的方式文明、结构文明、独立文明都是司法的形式文明,司法的信赖文明和价值文明才是司法的实质文明。

2015年3月2日《中国司法文明指数报告2014》发布,作为国内首次评估当前中国的司法文明的重要指标,司法文明指数具有五大功能,即为法治建设提供量化评估工具、为司法文明建设提供一面镜子、体现人民群众对司法工作的满意度、描述随时间变化的司法文明进步轨迹、为学者和学生提供可靠和中立的数据资源。指数体系包括司法制度、司法运作、司法民主、司法文化等4个领域,涉及司法相关权力、当事人诉讼权利、司法程序、司法公开与公信力、法律职业化保障等10个一级指标,侦查权合理运作、当事人享有获得辩护的权利等50个二级指标。从以上司法文明指数的功能、领域和一二级指标的设计来看,人民满意是司法文明的主旨,因为,司法文明指数是公众对司法的一种满意度评价。它采取主观评价与客观评价相结合的方法,主观指标和客观指标的比例为9∶1。① 人民满意型司法具体体现为司法行为的规范化和民主化,其中司法行为的规范化以司法制度的建设和司法程序正义为标准,体现为司法相关权力、当事人诉讼权利、司法程序等内容,司法行为的民主化则体现为司法文化(涵盖6个二级指标:公众参与司法的意识及程度;公众诉诸司法的意识及程度;公众接受司法裁判的意识及程度;公众接受现代刑罚理念的意识及程

---

① 张保生、张中、吴洪淇:《解读〈中国司法文明指数报告2014〉》,载《法制日报》2015年3月4日。

度；公众接受普法教育；媒体对司法的监督与干预）、司法公开与公信力等内容。党的十八届三中全会则审议通过的《中共中央关于全面深化改革若干重大问题的决定》已对深化司法体制改革作了全面部署。党的十八届四中全会则进一步提出，必须完善司法管理体制和权力运行机制，规范司法行为，加强对司法活动的监督。完善司法人员分类管理、完善司法责任制、健全司法人员职业保障、推动省以下地方法院检察院人财物统一管理这四项改革措施，是当前司法体制改革的重中之重。党的十八届四中全会后，中央出台了一系列包括立案登记制度、领导干部干预司法记录、通报和责任追究制度等改革意见，均是以人民满意作为主要考核标准，通过制度化的程序设计在充分保障司法政治性的同时，结合中国国情，改造中国司法权的人事制度和监督制约机制，从深层次推动人民司法体制和机制的新常态建设。

通过以上对司法文明内涵的回顾，我们可以发现人民满意成为司法文明建设的核心检验标准。人民不仅是司法文明建设的客体（司法服务的对象），而且已经成为当代司法文明建设的重要主体。为了更深入地把握当代司法文明建设所体现出的人民主体性，我们完全需要补充历史的证据，从历史源流当中去把握"人民司法"如何在中共政权建设和司法文明建设中占据有如此重要的地位，这样才能更加务实地，甚至是发自内心地去践行围绕人民司法而展开的司法文明建设的各项要求。

二、研究说明与内容

当前学界已有关于人民司法观的研究主要集中于以董必

武为代表的共产党革命者的人民司法观,大多从中国法制近代化的历史背景来反思董必武司法观念的历史意义,但从整个中国革命法制传统来深入分析早期革命法学家人民司法思想的价值,以及共产党法律人的人民司法思想在新中国司法文明中的具体贡献则少有论述。且对早期革命法学家人民司法思想的研究大多都停留在思想宏观层面的论述,较多关注的是对共产党法律人的人民司法观内容、体系、特点和意义的理论分析。这些分析多有法律思想史和法理学的研究特点,仅注重理论框架的搭建,而忽视理论形成的过程以及理论实践的细节。尤其是对中央苏区、陕甘宁边区以及华北人民政府时期共产党人司法观念的发展变化很少涉及,使得我们对中共人民司法理念的形成过程、变化调整与时空环境和集体智慧的学识眼见等关联了解不多。思想的形成与个人的人生经历和生长环境密切相关,尤其是与个人交往群体联系紧密。通过以董必武为代表的共产党法律人人民司法为中心的研究来透视中国共产党人民司法观念乃至法制观念的历史实践,才能更清楚地认识新中国司法文明建设的内涵、特征及意义。

总体而言,由于以往的研究未能在共产党法律人的人民司法观念和实践中,深刻反思人民司法所代表的共产党人革命司法传统的历史意义,使得当前的研究只能隔靴搔痒,就人民司法机制的建议而论制度机构的建立(如国家司法权体系、国家立法等等),就共产党法律人关于司法改革的建议而论司法思想的体系(如以当代西方法理学视角拼凑共产党法律人的法学思想体系)等等,实际上并未真正发掘人民司法之于新中国司法文明建设及当下司法创新的意义,这一研究现状亟待完善。

绪 论

因此，本书的可能创新体现在：①将人民司法放置在整个中共革命发展的历史长河中来考察，尤其关注当前不为学者所注意的中共革命时期人民司法思想的研究，结合中央苏区和陕甘宁司法建设的实践来探讨人民司法的意义。②分析共产党法律人之间司法观念的相互影响及异同，提炼出中共革命时期人民司法实践的观念形态与知识经验，借以分析革命时期所形成的中国共产党特有的司法传统对新中国成立以来司法文明建设的影响。③重点探讨人民司法所蕴含的人民性和政治性的丰富内涵，借以分析新中国建立前后司法建设的文明程度，全面再现人民司法在新中国司法文明建设中的重要意义。

本书主要的内容为：从以董必武为代表的共产党人法学思想中最具魅力和特色的人民司法观出发来考察革命中国司法的历史实践，以及重点分析人民司法在新中国初期司法建设中的具体实践，从中洞察人民司法观之于中国司法建设的重大贡献，进而理清以早期共产党法律人群体主张的革命中国司法经验对于新中国乃至当今中国司法建设的重大意义。具体而言，研究内容包括：①人民司法的历史渊源及其在共产党人法学思想中的具体地位；②人民司法观形成的历史分期及思想变化；③人民司法观的历史实践过程，具体分析人民司法观是如何在革命历史的波澜壮阔中动态呈现的；④革命中国的司法机构建设及司法实践样态，重点分析以董必武为代表的革命法学家在革命时期中国司法传统的特色和经验知识形成过程中的关键作用；⑤人民司法观在新中国初期司法建设中的具体体现，以及对当前中国司法文明的影响和意义。综合而言，本书旨在革命中国传统的背景中凸显人民司法观的意义，从历史实践的层面去动态展现人民司法观在新中国司法建设中的成果,真正能为解决当代司法文明建设的难题所用。

本书将以董必武为代表的共产党法律人的人民司法思想的具体形成过程,以及思想体系内涵,尤其是在新中国的实践过程,来探讨新中国初期司法文明建设的历程和经验。首先,分析中央苏区司法审判工作、延安时期和华北人民政府时期司法工作对人民司法观的贯彻。重点探讨不同时期人民司法实践的知识经验对新中国司法建设的深刻影响。其次,以人民司法的基本内容分析人民司法的内容体系。接着,围绕依法办事作为人民司法的前提保障进行分析,突出人民司法观的专业性目标。然后,以新中国司法改革为切入,结合人民司法观和"依法办事"的理念,探讨人民司法所体现的人民性、政治性和专业性在新中国司法文明建设中的具体实施样态。最后,发掘人民司法和新中国司法文明在当前司法改革中的意义和生命力。之所以用1931年、1959年作为时间起止,原因在于1931年是中华苏维埃共和国临时中央政府建立之年,为人民司法的历史起点;1959年为董必武卸任最高法院院长之年,因本书重在研究以董必武为代表的革命法学家对新中国司法文明建设的意义和贡献。

第一章　集体智慧：人民司法的历史渊源与初步实践

一、中央苏区时期的人民司法

中华苏维埃共和国临时中央政府司法体系的建立离不开董必武、何叔衡、梁柏台等共产党法律人的重要贡献。董必武早年在日本攻读法律，在最高法院院长任上通过颁布诸如《工农检察部的组织条例》等法规大力开展反腐肃贪运动，尤其注重审判程序，组织完成了《中华苏维埃共和国司法程序》，规定了苏维埃法庭、政治保卫局等司法机关的办案程序，创建了陪审、法庭调查和死刑复核等司法程序，为苏区审判工作提供了程序保障。何叔衡在主政工农检察人民委员部期间组织突击队、轻骑队、工农通信员及群众法庭四部分构成的群众性检察组织，配合中央工农检察人民委员部打击各种官僚主义和贪污浪费行为；在担任内务部长期间积极开展各种行政立法。梁柏台作为当时中共党内惟一系统学习过苏联法律的专家，在主持司法人民委员部后整合各革命根据地杂乱无章的司法体系，建立了人民审判员制度、巡回法庭制度等；司法程序上亦注重证据,强调依法审判。同时反对肉刑,用现代刑罚观破除陈旧的封建刑罚。附设于审判机关内部的检察机关也是在他的主持下依照苏联检察制度而设立的。应当说,中央苏区司法工作的成绩是集体智慧的结晶,以下通过具体的制度建设和当时的思想言论,以及对董必武和梁柏台等人司法思想的分析,来从正面和侧面分别探讨早期共产党人民司法观的经验来源。

(一) 人民司法观的历史渊源

1. 法学家的到来

董必武出生于1886年,湖北红安人,曾参加过辛亥革命,是同盟会会员。辛亥革命后,董必武抱定建设民主、法治中国的愿望,于1914年1月东渡日本,考入日本东京"私立日本大学"攻读法律,三年间学习了日本明治维新以后仿照西洋法系建立的近代法律制度。1917年4月,在武汉与张国恩(又名张眉宣,是董必武的同乡好友)合办律师事务所,在社会上赢得一定的声誉。同时,他继续从事革命活动,在与他密切往来的同志中,也有不少是攻读法律、从事律师职业的,如刘伯垂等人。武汉共产主义小组第一次会议就在武昌抚院街张国恩律师事务所召开,董必武与张国恩、陈潭秋、包惠僧、郑凯卿等人参加。1921年7月董必武出席中国共产党第一次全国代表大会,是武汉小组代表。随后建立和发展湖北党组织,任中共武汉区委委员、湖北民运部部长、湖北省委委员。1927年3月,他在武汉领导制定了《惩治土豪劣绅暂行条例》和《审判土豪劣绅暂行条例》。可见,经由律师走上司法工作者的道路对以后董必武在中央苏区参与各项审判工作的建设具有十分重要的意义。1928年,董必武赴莫斯科中山大学、列宁学院学习深造。

第一章
集体智慧：人民司法的历史渊源与初步实践

1931年11月7日中华苏维埃共和国临时中央政府在江西瑞金成立，1932年，董必武由苏联几经辗转到达瑞金。1933年3月26日，董必武在人民委员会第三十五次常会上与刘少奇一起被任命为中央工农检察委员会委员，①从此主持和领导了大规模的苏区司法工作，其法学知识背景和丰富的律师与革命斗争经验，为其在中央苏区司法战场上披荆斩棘奠定了扎实的理论和实践基础。1934年1月15日至18日，中共六届五中全会任命董必武为中央党务委员会书记。②1934年1月22日至2月1日，董必武在中华苏维埃第二次全国代表大会上当选为第二届中央执行委员会委员，并再次被选为中央工农检察委员会委员，且被任命为临时最高法庭主席，随后又被委任为最高法院院长。③这充分说明了董必武的工作才干得到了中共中央的高度认可，直到1934年10月长征开始，以董必武为代表的早期革命法学家一直努力绘制中央苏区的司法蓝图。

中华苏维埃共和国临时中央政府的成立意味着国民党旧法统在中央苏区的失效，也昭示着中央苏区将确立一套新的司法工作机制。董必武的到来（或者是应邀前来）正说明了当时中央苏区急需要像他一样的法律专家主持变法修律。董必武在到达瑞金后，时任中央政府主席的毛泽东异常高兴，对董必武说："你学过法律，苏维埃法制还很不健全，特别是目前开展的反贪污浪费运动还缺乏法律保障，这给一些投机分子留下漏

---

① 《红色中华》第57期，1933年3月3日。
② 《董必武年谱》，中央文献出版社2007年版，第105页。
③ 《红色中华》第148期，1934年2月12日。

洞,你同叔衡同志一起来把这些漏洞给堵住、堵死。"① 这一饱含深情和希望的寄托,表达了中央苏区的领导人希望充分利用董必武的法学专业素养加强中央苏区法制工作的目的。因此,董必武等人开始广泛地参与中央苏区的立法工作,尤其是以反贪为主题的司法检察审判工作,其中包括制定和颁布了诸如《中华苏维埃共和国程序》等20余部司法方面的基本法律法规。②

2. 早期共产党人的法制贡献

可以说,正是董必武同何叔衡、梁柏台等人的协同合作才共同开创了中央苏区司法工作的新局面。一到中央苏区,董必武等人就提出了注重办案手续的程序法制要求并身体力行之。在此程序主义推行的过程中,董必武"因主张办案要有一定的手续,要有必要的文字材料,要建立档案,被执行'左'倾机会主义路线的人指责为'文牍主义者'"。③ 由于中共一贯强调集体主义的工作方针,所以以董必武为代表的早期共产党法律人勠力同心,为中央苏区的司法工作呕心沥血。通过董必武等人的齐心协力,中央苏区创建了较为完整的司法机构。在司法审判方面,成立了区、县、省裁判部、最高法庭和最高法院。在检察公诉方面,审判机关内部设立了检察员,负责案件的检察公诉。在各专门法庭方面,针对当时革命形势的需要,设立了惩治反革命分子的肃反委员会、政治保卫局。为了保护劳动者的权益,处理劳资纠纷,设立了专门的

---

① 转引自刘良:《何叔衡董必武瑞金肃贪》,载《湘潮》2008年第3期。

② 《中华苏维埃共和国法律文件选编》,江西人民出版社1984年版,第379-420页。

③ 《董必武年谱》,中央文献出版社2007年版,第105-106页。

第一章
集体智慧：人民司法的历史渊源与初步实践

劳动法庭。在军事方面，设立了军事裁判所。在司法行政方面，设立了司法人民委员部。在对罪犯进行改造方面，建立了具有鲜明特色的劳动感化院。为了贯彻群众路线，方便人民群众，设立了巡回法庭。以此机构为载体，形成了一整套中央苏区的司法审判制度。其中包括四级两审终审制、审检合一制、公开审判制、人民陪审制、辩护制、合议制、死刑复核与核准制、回避制、抗诉制和再审制、人民调解委员会制、逮捕和拘留的程序规范等一系列重要的司法程序制度。总的来说，以董必武为代表的早期共产党人"为建立健全苏维埃审判制度作出了重要贡献"。①

为了巩固新生的红色政权，中央苏区掀起了大规模的反贪污、反浪费和反官僚主义的斗争。建立以反贪污浪费运动为主体的司法工作机制是早期共产党人在中央苏区司法工作的主线。为此，董必武与何叔衡等人一道，进行了大规模反腐肃贪的司法活动。董必武等人在中国共产党的领导下，从抵制腐败的法制建设要求出发，领导和参与一系列立法、监察、司法、教育活动，并将其智慧、学识和才能充分运用到建设苏维埃法制的实践中去。1934年2月，在一次工农检察委员会议上，毛泽东说："查办官僚主义和贪污浪费是中央政府决定的，如果不把官僚作风、贪污浪费，甚至欺压群众的坏作风清除掉，我们的根据地就保不住，我们党的事业就有被夭折的危险。何叔衡同志开了一个好头，董必武同志也很坚决。反贪污浪费，

---

① 余伯流、凌步机：《中央苏区史》，江西人民出版社2001年版，第902页。

你们两人都过硬。"① 董必武等人在中央苏区参与苏维埃肃贪的积极作为，主要可以分为两个阶段：第一阶段是1932年9月初到1933年3月之前。当时董必武抵达瑞金不久，在毛泽东的建议下与何叔衡合力研讨抵制腐败的策略，二人决定从健全法律和组织两方面解决问题。但由于当时组织上并没有安排董必武进入中央政府工作，因此，他更多的是向毛泽东、何叔衡献计献策。第二阶段是自1933年3月26日董必武被委任为中央工农检察人民委员部委员起，到1934年10月随红军长征离开中央苏区时为止。在这段时间，董必武作为党和红色政权法制建设工作的主要领导人之一，得以更加直接地为苏维埃司法工作给出指导意见并着力开展工作。

董必武、何叔衡等人首先积极组织制定了一系列具有法律性质的反腐组织工作规范文件。而在董必武全面接手领导苏维埃司法体系完善工作后，他又为抵制腐败的司法活动补充了更多具有权威性和程序价值的法律依据。其中包括《工农检察部的组织条例》《工农检察部控告局的组织纲要》《突击队的组织和工作》《轻骑队的组织与工作大纲》《工农通讯员任务》《政府人员惩办条例》《统一会计制度》和《怎样检举贪污浪费》等，② 为组织和规范苏区的反腐败浪费提供了法律依据和工作纲要。而经董必武等人参与制定，1933年由毛泽东签发的《关于惩治贪污浪费行为——中央执行委员会第26号训令》更加明确地规定了惩戒贪污浪费违法行为的量刑标准：凡苏维埃机

---

① 转引自刘良：《何叔衡董必武瑞金肃贪》，载《湘潮》2008年第3期。
② 刘良：《何叔衡董必武瑞金肃贪》，载《湘潮》2008年第3期。

第一章
集体智慧：人民司法的历史渊源与初步实践

关、国营企业及公共团体工作人员贪污公款在500元以上者，处以死刑；贪污公款300元以上500元以下者，处以2年以上5年以下监禁；贪污公款100元以上300元以下者，处以半年以上2年以下监禁；贪污公款在100元以下者，处以半年以下的强迫劳动。同时，对上述犯罪者还得没收其本人家产之全部或一部，并追回其贪没之公款；对挪用公款为私人营利者以贪污论罪；对玩忽职守而浪费公款，致使国家受到损失者，依其浪费程度处以警告、撤销职务以至一个月以上三年以下监禁。①

董必武等早期共产党人在中央苏区审理了不少贪污腐败的案件，其中的两件在中央苏区产生了巨大影响。一是左祥云贪污案。中府总务厅工作人员左祥云、徐毅等因勾结反动分子、贪污浪费等犯罪行为，经开群众大会公审一次，1934年2月13日，由最高法院在全苏大会场举行审判，到庭旁听者数百人计，审判四五个小时之久。经法庭判决，左祥云处以枪决，徐毅处以六年监禁。② 二是熊仙壁贪污渎职案。于都县苏维埃政府主席熊仙壁利用职务之便，贪污公款。1934年3月25日，最高法院组织特别法庭，以最高法院院长董必武为主审，何叔衡、罗梓民为陪审，梁柏台为检察长进行了公开审判，判处熊仙壁监禁一年，剥夺公民权利一年。③

对左祥云、熊仙壁等犯罪分子的公正审判，给中央苏区广大干部和群众上了一堂生动而深刻的法制课，他们认识到法律面前人人平等：倘若有人以身试法，无论是什么身份什么背

---

① 《中华苏维埃共和国法律文件选编》，江西人民出版社1984年版，第224页。
② 《红色中华》第151期，1934年2月18日。
③ 《红色中华》第168期，1934年3月29日。

景，都将被追究法律责任。董必武等人严格按照法定审判程序审理各类案件，堪称早期共产党人中法律信仰严谨、审判技术娴熟的专家。对重大、敏感案件，早期共产党法律专家一般都亲力亲为，一来不断丰富自身的司法经验，二来为提升整个苏维埃共和国的审判工作水平提供标尺。在董必武的领导和率先垂范下，苏维埃最高法院审理了一大批案件。据不完全统计，自1934年2月至10月红军长征止，苏维埃最高法院前后约审理和复核了有关刑事、民事、军事案件约1000件。①

通过对典型案件依法依程序审判，早期中共司法先行者不仅惩治了罪犯，宣传教育了群众，树立了党和政府在人民群众中的威信，体现了司法的公平正义和威信；同时，还通过对司法审判经验的总结，为审判制度的确立，相关司法法律的制定奠定了基础。在董必武兼任中华苏维埃共和国中央工农检察委员会副主席和中华苏维埃最高法院院长期间，为保障和指导苏区司法活动运行，早期共产党人积极参与制定的《处理反革命案件和建立司法机关的暂行程序》《中华苏维埃共和国司法程序》《革命法庭条例》《革命法庭的工作大纲》《裁判部的暂行组织及裁判条例》《中华苏维埃共和国惩治反革命条例》等先后被依法颁行，使针对贪污浪费嫌疑人的查办工作，由侦查、扣押、审判、量刑到执行形成了连续的制度系统，体现了苏维埃司法的公平、公开和公正性。②

---

① 张忠厚：《追忆、继承与弘扬：浅论董必武在中央苏区的法治贡献》，载《董必武法学思想研究文集》（第十一辑·上册），第394页。

② 柴荣、王昕：《抵制腐败与建设法制——董必武在中央苏区的法治实践及法治思想观》，载《董必武法学思想研究文集（第九辑）》，第619–621页。

第一章
集体智慧：人民司法的历史渊源与初步实践

总体而言，以董必武为代表的早期共产党人在中央苏区的司法实践是新中国司法文明建设的源头，具体表现在：1. 规范司法程序的各项法律成为新中国司法文明建设的源泉。正如董必武1956年9月在中共八大会议上的发言中指出："在过去国内革命战争的各个时期，各个革命根据地，在党的统一领导下，制定了许多代表人民意志和符合革命利益的政策法令。尽管它们在形式上较为简单，而且不可避免地带有地方性，但是它们有力地保障和促进了革命事业的发展。不仅如此，它们并且是我们现在人民民主法制的萌芽。"① 董必武在最高法院院长任上通过颁布诸如《工农检察部的组织条例》等法规大力开展反腐肃贪运动，尤其注重审判程序，组织完成了《中华苏维埃共和国司法程序》，规定了苏维埃法庭、政治保卫局等司法机关的办案程序，创建了陪审、法庭调查和死刑复核等司法程序，为苏区审判工作提供了程序保障。2. 司法机构的体系化建设为新中国司法文明提供了丰富的载体。新中国司法机构的雏形已在中央苏区就初步形成，是对中央苏区司法机构的继承和发展。如新中国四级法院制早在中央苏区就已经确立；马锡五审判方式以及新中国的巡回法庭是中央苏区巡回法庭的继承和发展；新中国司法强调惩罚与教育相结合，实施劳动改造，也是对中央苏区劳动感化院经验的总结和发展。当然，中央苏区司法机构设置的非科学性也会影响到新中国司法机构的建设。比如检察机构的薄弱，使得新中国检察院体系的建设不同程度地受到影响。中央苏区并没有设立独立的检察部门，只是

---

① 《董必武政治法律文集》，法律出版社1986年版，第378页。

在裁判部内设立检察员,行使着检察、公诉的职能。新中国成立后,为打破这一不合理的设置,开始建立独立的检察院。但由于没有基础和框架,受其影响,新中国的检察院建设从人员、编制到机构都一直受挫。3. 司法审判制度的创立确立了新中国司法审判的模板。中央苏区所推行的审判制度不仅吸收了当时西方重要的审判制度文明成果,包括两审终审制、公开审判制、辩护制、合议制、死刑复核与核准制、回避制、抗诉制和再审制、逮捕和拘留的程序规范等等,也蕴含了中国特色的审判传统,如人民陪审制、人民调解委员会制等,充分体现了早期共产党法律人学贯中西的法学素养。人民司法观也可以在早期共产党法学家领导的中央苏区司法实践中找到渊源。

3. 人民司法观的思想渊源

董必武青年时代曾加入孙中山领导的同盟会,是受到资产阶级民主思想启蒙教育的三民主义者;但五四运动以后,他感受到人民群众中孕育着的革命力量:"从我自己的经验出发,我断定单在军队中做秘密工作是无用的,必须为人民运动打下基础。……我断定,革命必须有一个真正的群众基础。"[①] 于是开始转变为接近民众、组织民众、依靠民众的共产主义者。而在土地革命期间,特别是中央苏区第五次"反围剿"期间,那些反革命分子及各级政府工作人员中的贪污腐化问题,被革命群众揭发,继而被苏维埃法庭和政府及时侦办的经历,又一次使他感受到法律工作人员深入群众与发动群众的程度,将影

---

① 《董必武传(1886—1975)》(上),中央文献出版社2006年版,第71–72页。

第一章
集体智慧：人民司法的历史渊源与初步实践

响到法治工作的效率和质量。由此，以董必武为代表的早期共产党人总结提炼出了提倡群众观点的人民司法观。这在中央苏区司法人民委员部1933年颁布的《对裁判机关工作的指示》中就表现为：裁判机关在审判任何案件时，都要注意多数群众对该案的意见；各法庭在开庭审判前，须广泛地张贴告示，公布审判某案的日期，以吸引和组织广大群众届时旁听；必要时还要组织巡回法庭，到众多的群众面前揭破反革命的阴谋活动及对革命的危害，扩大审判工作影响。①

在1950年7月召开的第一届全国司法会议上，董必武根据早年共产党法律的实践明确地提出了"人民司法"的概念，认为"人民司法基本观点之一是群众观点，与群众联系，为人民服务，保障社会秩序，维护人民的正当权益"。② 人民司法观的具体内容包括司法具有阶级性，人民司法就是巩固人民民主专政；司法工作要依靠人民群众的支持，接受人民群众的监督；司法机关要依法办事，既要遵守司法程序，又要便民，切实保护人民的民主权利以及进行法制宣传教育，注重培养人民群众的守法思想等。从这些内容反观中央苏区的司法工作经验，可以窥见董必武人民司法观形成的大致过程。

阶级性和群众路线是中央苏区司法工作的典型特点，司法工作主要是依靠人民群众的支持，接受人民群众的监督，这在苏区大张旗鼓地进行反贪污、反浪费、反官僚主义的运动中表现得最为明显，大量案件从发现到调查再到审判，都与广大人

---

① 曾维才主编：《中央苏区审判工作研究》，江西干校出版社1999年版，第159-160页。

② 《董必武政治法律文集》，法律出版社1986年版，第100-117页。

民群众的参与和支持分不开。此外,中央苏区的司法主要也遵循便民原则,比较好地维护了人民的合法权益。中央苏区依法办事,遵守司法程序正反两方面的经验教训,促使共产党人在新中国成立后将依程序司法提到议事日程,以切实保障人民的权益。正如董必武所说:"由于过去处在紧张的战争和大规模的社会改革运动中,由于法律还很不完备,司法制度特别是检察制度还不健全,有些公安、司法机关还有粗枝大叶、组织不纯甚至使用肉刑的现象,以致有一些人错捕、错押或错判,人民的民主权利受到侵犯。为克服这种现象,今后必须从立法方面,从健全人民司法、公安和检察制度方面,对人民的民主权利给予充分保护。"① 因此,人民司法观是在解决革命和政权建设中遇到的具体问题时形成和发展起来的,具有很强的针对性。② 早期共产党人在中央苏区司法的开拓性实践与新中国成立后的人民司法观体系构建上是一脉相承的,并随着社会和形势的发展而发展。

新中国成立后极力倡导的"依法办事"的思想根源也应追溯到早期中央苏区的司法实践,是中央苏区司法实践经验教训的升华。中央苏区在"左倾"错误的影响下,曾出现过群众运动扩大化,以政策代替法律,党政不分、以党代政,特权,少数党员和领导干部不重法、不守法,侵害人民权益,不按规定和手续办事,滥捕滥杀,刑讯逼供等违法现象,对革命的胜利和政权建设产生了不小的危害。作为中央苏区司

---

① 《董必武政治法律文集》,法律出版社1986年版,第310页。
② 曾绍东:《开拓与奠基——论董必武在中央苏区的司法实践》,载《毛泽东思想研究》2010年第3期。

第一章
集体智慧：人民司法的历史渊源与初步实践

法实践的亲历者和具有法律专业素养的早期共产党人，无疑有切身的体会，从而形成自己的法律观。新中国成立后，以董必武为代表的共产党法律人在中共八大会议上针对当时存在的法制不健全，少数党员和国家工作人员不重法、不守法，一些地方党政不分、侵犯人民群众权益、少数人的特权思想、不履行法律手续、法学研究滞后、法律工作者专业性不强等问题，正式提出了"依法办事，是我们进一步加强人民民主法制的中心环节"以及"有法可依""有法必依"①的著名论断。这些都是中央苏区经验在新中国司法文明建设过程中占有重要地位的具体体现。中央苏区曾一度受到"左倾"路线影响，相当程度存在审判简单化和偏激化的错误倾向，导致调查不彻底、定性不准确、量刑不统一，深深影响了根据地审判质量；而董必武、何叔衡、梁柏台等一批人民司法先驱，在创建苏维埃民主法制局面的过程中，却通过审判监督、死刑复核和严格依照程序审判的工作方法，实现了维护审判公平，完善法制运行的效益目标。新中国建立后，对程序法制的重视和依法办事的强调很难说与董必武早年间在中央苏区的司法实践没有关联。

（二）早期共产党人的合作

梁柏台（1899—1935），浙江新昌县人，中央苏区时期卓越的红色法学家、司法专家。早期曾远赴苏联，任远东华工指导员，后进入伯力省法院当审判员，从事革命法律研究和司法工作，同时任远东教务部编译局编译。1931年回国到中央苏

---

① 《董必武政治法律文集》，法律出版社1986年版，第475页。

区工作,作为中华苏维埃共和国第二届中央执行委员会委员,历任司法委员会委员,司法部副部长、部长,临时最高法庭委员,临时检察长,内务部副部长、代部长,中央审计委员会委员等职务,主持或参加了大量的司法实践工作。通过从其司法思想与实践切入,深入探讨早期共产党人人民司法观的形成背景和以董必武为代表的早期红色法学家的群体思想环境,对推进研究早期共产党人合作建设的人民司法制度,无疑是一个很好的进路。

1. 保护革命与政法工作

如何处理政治与法律的关系,如何处理党与司法的关系,是中共早期法学家思考的核心问题之一。董必武和梁柏台都有如此的困惑。作为党的早期领导人,作为一个革命家、法律家,梁柏台的司法思想体现出鲜明的"革命导向","在猛烈发展革命战争的时候,一切工作都应当以发展革命战争为中心任务,一切都应服从于战争。司法机关也应当如此,各级司法机关就在这一个任务下进行工作。"可见,梁柏台的司法思想与党的"政法"思想保持了高度的统一,以适应革命战争需要为司法机关的工作中心任务。在苏维埃政府时期,这一中心任务就是要保障苏维埃政权及其各种法令的实施,镇压反革命派别及反对苏维埃法令的反革命行动。或者说,就是担负着肃清国内反动势力,巩固苏维埃政权的任务。中央苏区的主要司法机关——裁判部在判决反革命案件时,应当以保护工农权利,巩固苏维埃政权,适应革命环境,来保障革命胜利为前提。在各种司法的命令和指示上,也同样要以发展革命战争的任务来指示各级司法机关。在司法人民委

第一章
集体智慧：人民司法的历史渊源与初步实践

员部的指示下，各级裁判部所判决的犯人，判决监禁在两年以下及处罚强迫劳动的，都编成苦工队，陆续送往前方担任运输工作，以辅助革命战争任务。在每次苦工队出发时，各级裁判部要向他们做相当的宣传鼓动工作。司法机关的工作应极力节省事务经费以充裕战费，解决案件，从前常有延长几个月不审判而养着犯人吃饭，浪费公款的事情，梁柏台要求每个案子，自进到裁判部起算，最多不超过半个月必须判决。这一个规定虽然不能全部实现，但是也有相当的实现，大大节省了司法机关的经费。同时，在江西、福建两省及瑞金直属县裁判部附设劳动感化院，经过一段时间的筹划，几百个犯人实行强迫劳动，在经济上不但能够自给，而且还有多余，成为国家收入之一项。

在革命肃反等特殊时期，梁柏台更重视司法机关"革命导向"的作用，强调了司法为革命服务的中心任务。闽赣两省及瑞金直属县裁判部联席会议的决议，规定各级裁判部处理案件，在当前最主要的就是对付反革命，在他们的日常工作上也以处理反革命案件为主要任务，一般民刑事诉讼为次要。在司法程序上，反对机械地执行法律条文，一般的程序要为肃反的特殊革命需要让路：不认识苏维埃法庭是阶级斗争的工具，是压迫敌对阶级的武器，而表现出单纯的法律观，机械地去应用法律。不知道法律是随着革命的需要而发展，有利于革命的就是法律。凡是有利于革命的可以随时变通法律的手续，不应因法律的手续而妨碍革命的利益……许多裁判机关，侧重于法律手续，机械地去应用法律，对镇压反革命的重要工作却放松了，这是裁判机关在工作上极大的缺点，而且是严重错误的……清理档案，凡有反革命事实的豪绅地主富农等阶级异己分子，经公审后立即执行枪决。① 同时，他又积极主动地执行党的肃反路线，对于一段时期偏重肉刑、刑讯逼供的审讯方法，中央执行委员会提出批评后，他坚决地执行中央执行委员会训令的指示，处置案件，注意阶级成分、首要与附和，绝对废止肉刑，不专信犯人的口供，注意预审机关所搜集的证据和材料。同时，对下级政府和地方武装有违反训令的做法作坚决斗争，给那些破坏正确肃反路线的分子以打击。对于人民群众有教育意义的案件，经常组织巡回法庭到群众聚集的地方去审判。梁柏台的这些司法思想与具体工作方法，在肃反工作中收到不少的效果。

2. 重视程序法制建设

尽管面对"肃反"等特定问题，梁柏台反对机械的法条主义，强调法律以革命需要为转移，但他同样重视法律制度、法律程序的作用。在中央苏区，司法机关对于革命工作还是个新鲜事物，裁判部等司法机关之前在苏区是没有的，是中央政府成立后的产物。在司法工作中，每种工作都是新的创造和新的建设，所以特别困难。开始成立司法机关时，就必须注意司法程序的建立。首先请求中央执行委员会颁发了裁判部的暂行组织和裁判条例，依据该条例来建立各级裁判部的工作，来组织法庭，按照条例所规定的程序来审判案件。在司法实践中，推进司法形式的统一化，司法人民委员部颁发了各种表册样式，如案卷、审判记录、判决书、传票、拘票、搜查票、预审记录、

---

① 梁柏台：《裁判机关的主要工作方向——镇压反革命》，载《红色中华》第156期，1934年3月1日。

第一章
集体智慧：人民司法的历史渊源与初步实践

工作报告表、搜查记录、苦工队登记表等数十种，以备各级裁判部使用，并且使各级裁判部的公文形式统一。1932年，梁柏台在《司法人民委员部一年来工作》的总结中，特别提出了各级司法裁判部在遵循中央法律制度、程序中存在的问题：上级的命令和指示，下级司法裁判部不能按时地正确地去完全执行，部分裁判部不按时向上级做工作报告，裁判部缺乏经常的工作。中央执行委员会有关改变肃反路线的第六号训令，有时还不能完全地执行，审判的程序，还未能按照裁判部暂行组织和裁判条例的规定去进行。

  尽管肃反的任务艰巨复杂，梁柏台还是注意了法律程序，他负责司法部，不是随便抓人，打击人，而是以法律为准绳，坚持按法定程序办案，重视调查证据，努力做到量刑准确，避免主观失误。梁柏台还注意区分了司法中"罪与非罪"的差异。周月林回忆说，有次项英和何叔衡来找梁柏台商量一件事，因为中央机关有个干部，有很多人到最高法庭何叔衡那里告他，说他官僚主义特别厉害，项英和何叔衡跟梁柏台说，要想办法处罚他。梁柏台说，他还是革命同志嘛，官僚主义我们要反对，但是不要处罚他，还是要用教育的办法好。用什么样的办法教育呢？梁柏台提出用"公审"的方式，实际上就是开大会的方式，通过会上的批评与自我批评，既教育了他本人，又教育了大家。① 这虽然是个例，但也反映出他在一定程度上注意了"罪刑法定""正当程序"等基本的法制原则，尽力本着人性、宽

---

① 中共浙江省党史资料征集委员会：《浙江党史资料通讯》第9期，1984年9月30日。

容、谦抑的态度执法用法,而不是借法律肆意迫害他人。尽管他的法治思想、程序意识与现代法治的要求存在差距,但在战火纷飞、形势严峻的革命战争年代,能有这样的法治思想,并能做到这些,已经殊为不易。

3. 特殊法庭与司法语言

梁柏台出身于浙江新昌一户普通的农民家庭,家境并不充裕,但他自幼聪颖好学。年少就学时,亲身经历了袁世凯复辟、日本帝国主义侵略等世事变幻、民族悲剧,面对严酷的社会现实,他睹物思情,每每由眼前小事论及国家大事;他心怀忧愤,深以国家和人民的疾苦为念。作为红色的革命家,梁柏台始终抱持着一心为民的情怀,这种为民的思想也深刻地融入他的法制与司法思想中。在法制建设中,他特别注意保护工农大众的权益,1933年梁柏台主持的司法部发出第九号命令,决定在城市、区一级裁判部组织劳动法庭,专门解决资本家、工头、老板破坏劳动法及集体合同和劳动合同等案件,以保障工人享受劳动法所规定的一切利益。

出于服务革命、服务大众的思想,梁柏台强调了司法语言的通俗化,司法手续的简便化,以使民众易于接近和理解司法。早在1919年的一封信中,他就提出了语言文字的通俗化问题,比较了文言与白话孰优孰便后,提倡尽量使用白话文,他说言语是思想的表示,文字是言语的记号。思想怎样发表?文字就从这样写来。思想是活的,不是死的,强硬用古文写作,就会窒碍我们的思想。"想出一种思想意思,还要合这句说话同古文对不对的,这句话做的工不工的,并且要用几句典故,弄得脑子糊里糊涂,又费了好多冤枉的功夫,这是何苦呢?所以我

第一章
集体智慧：人民司法的历史渊源与初步实践

简直说一句话，古文是死的，白话是活的，可知道白话要比文言好了，白话要比文言便了。"尽管在这里，他主要是从阻滞思想自由的角度谈白话文的问题，但从这样的思想倾向，不难看出，在司法语言的使用上，他同样是赞同白话文，赞同以通俗易懂的语言，使得普通民众都能理解法律。

4. 法制宣传与群众教育

立法易，实行难，如何有效地在社会中推行法制，保障法律在民众中快速地普及并得到彻底执行的问题，历来受到关注。两千多年前，商鞅就遭遇秦孝公之问，"法令以当时立之者，明且欲使天下之吏民皆明知而用之，如一而无私，奈何？"①商鞅的回答是，"民敢忘行法令之所谓之名，各以其所忘之法令名罪之。主法令之吏有迁徙物故，辄使学法读法令所谓。为之程序，使日数二法令之所谓，不中程，为法令以罪之。"也就是说，以严刑强制官吏百姓学法、用法。也即是说，在法制的有效实施中，宣传教育无疑具有十分重要的作用。梁柏台十分重视法律教育与法制宣传工作。在总结1932年的司法人民委员部的司法工作时，他指出了苏区法制教育宣传的不足，不但一般的工农群众对于苏维埃政府所颁布的各种条例和法令还不很明了，就是苏维埃政府下级干部也有不明了的，因此不知不觉中有违反苏维埃法令的事情。以后对苏维埃的法令，应向工农群众作普遍的宣传解释工作，使一般群众提高法律的意识，以减少人民的犯罪行为。②

---

① 《商君书·定分》。

② 梁柏台：《司法人民委员部一年来工作》，载《红色中华》第39期，1932年11月7日。

人民司法：
司法文明建设的历史实践（1931—1959）

梁柏台提出并推行的劳动感化院，实际上也包含着使人们知法、守法的目的。按照他的想法，劳动感化院的目的就是看守、教育和感化违反苏维埃法令的一切犯人，使这些人在监禁期满之后，不再违反苏维埃的法令，通过设置工场，让犯人在劳动中得到改造。感化院还有教育和娱乐的地方，备有各种报纸和书籍，供犯人阅览，还有列宁室和图书馆等场所，使犯人在一定的工作时间外可以受到教育和娱乐。这种对犯罪人进行人道主义的法制教育与感化的方式，放置于历史的情境中，虽然不免存在局限性，但仍有其积极的意义。

在当时的社会环境下，以人民政权建设为主旨的司法观体现了诸多的灵活实用性，然而实用主义的司法指导思想在不少地方存在不协调统一，甚至相互矛盾之处，如梁柏台一方面强调肃反时的革命导向，"不需要多少法律知识，只要有坚定的阶级立场，他就可以给犯罪者应得的处罚"，并且严厉地批评了机械的法条主义；另一方面，他又重视制度的建设，重视程序在司法中的作用，强调司法形式的统一化。当然，更重要的是他的一些司法思想，与现代尊重正当程序的法治精神有着很大的差距。对这样的问题，乃至是背离"法治"的偏向，我们需要客观地、历史地认识，并加以"同情的理解"。梁柏台虽然在苏区从事司法工作，但他更主要的是一个革命家，他的思想实际上是中共总体革命思想在司法中的反映。如果我们将眼光从那些时代局限性的司法观念中移开，抽离出其更为本质的、积极的一面，也不难发现其有价值的内容。这是当时共产党法律人不可绕开的缺陷。

梁柏台始终强调了司法为民的主旨。中共领导下的中国革

第一章
集体智慧：人民司法的历史渊源与初步实践

命，始终围绕着人民的解放与人民的幸福这一主题，特别体现出对底层人民群众，即"平民"的关注。中央苏区时期，建设工农苏维埃，同样是围绕了"为民"这个主题，苏维埃就是真正的平民共和国，真正的平民政权。按瞿秋白的理解，平民，是指与"上等社会"对应的处在被统治地位的"下等社会"，亦称"下等阶级"，包含了除封建地主、官僚买办，反动军阀以外的各社会阶级。正如列宁所言：苏维埃政权比最民主的资产阶级共和国要民主百万倍，解散了资产阶级议会，建立了使工农更容易参加的代表机关，用工农苏维埃代替了官吏，或者有工农苏维埃监督官吏，由工农苏维埃选举法官。它是无产阶级的民主，是对穷人的民主。梁柏台为民服务的法制思想，正是马列主义的深刻反映，无论是司法裁判中保护劳动者的利益，或者是司法语言通俗化的风格，都体现出其司法为民，革命为民的一贯思想。梁柏台亦十分重视专业人才在司法中的作用。专业化的司法人员是司法工作有效开展的关键，他总结司法人民委员部的工作，痛陈合格干部缺乏问题。裁判部有一部分工作人员，缺乏工作经验，缺乏法律常识，因此在工作上常发生许多困难。故造就司法工作人员，实在是一件迫切应该做的事情。司法人民委员部应当尽量地造就司法工作人员，以补充各级裁判部的干部，更好地完成司法工作。

总体而言，通过对梁柏台司法工作思想的分析，我们大致可以总结中央苏区共产党法律人的早期司法观：坚持司法的政治性和人民性始终是司法观的主线，一则体现为党法关系的政法工作思路，二则体现为一心为民的大众化司法理路，这在共产党法律人的人民司法观体系中一以贯之，并且成为新中国司法文明的重要基石。既然是司法,当然会强调司法的程序正义和依法办事的法律权威论,受过良好高等教育的董必武和梁柏台等早期共产党人,当然会坚持这一基本的法制前提,否则司法工作基本的前提和载体都不具备,何谈司法。因此,司法的政治性和人民性是自中央苏区以来中共政权司法工作的基石,而法律权威和程序正义则是司法工作的主要载体和基本目标。这一条主线在陕甘宁边区的延安也得到了很好的体现。

二、革命根据地时期的人民司法

(一)边区人民司法观

1937年1月至1947年3月,中共党中央驻于延安时,中央领导和全体机关干部将董必武、林伯渠、徐特立、谢觉哉、吴玉章五位老同志尊称为"延安五老",即分别称谓董老、林老、徐老、谢老、吴老。"延安五老"所代表的正是中共德高望重的老一辈无产阶级革命家、政治家、杰出的社会活动家。1946年12月朱德在他60岁生日时和董必武共同做的一首诗再现了当时延安的政法环境:"历年征战未离鞍,赢得边区老少安;耕者有田风俗厚,仁人施政法刑宽;实行民主真行宪,只见公仆不见官;陕北齐声歌解放,丰衣足食万家欢"。这短短八句诗,不仅特别赞扬了当年广大干部发扬党的优良传统和作风,同群众鱼水深情,紧密团结而带来的新气象,更重要的是"仁人施政法刑宽,只见公仆不见官"二句表达了以革命根据地人民司法观为主体的边区司法经验。

1937年6月,董必武在《解放周刊》发表《共产主义和三民主义》一文,系统地论述了什么是共产主义、什么是三

第一章
集体智慧：人民司法的历史渊源与初步实践

民主义，以及两者的关系，深刻地驳斥了国民党散布的共产党必须放弃共产主义，国共才能重新合作的谬论。"目前摆在每个中国人面前最严重和最尖锐的问题，是怎样救亡，是如何抗日，是如何动员更广大的群众参加到抗日救亡战线上来，使神圣的民族革命战争，获得最终的胜利。这是国共重新合作的基础。"同时，他也批评了党内个别同志认为信仰三民主义就损害了共产主义的纯洁的错误观点。他还创造性地指出了"革命的三民主义"这一范畴，指出：共产党人"是相信革命的三民主义的，自然，我们也相信共产主义"。① 这是革命根据地时期人民司法观的政治基础，也是人民司法政治性的理论前提，亦即坚持三民主义中的民权与民生，才能更好地贯彻实施所谓的人民司法。

十多年之后的1949年8月20日，董必武回到延安，在陕甘宁边区县委书记联席会议上作了《更好地领导政府工作》的报告，他认为："现在党领导民众把政权从剥削阶级手中夺了回来，便应当领导他们好好地使用政权，使它能为自己服务。""政府要真正成为群众的政府，政府要为群众做事，为群众谋幸福。要倾听群众的呼声，采纳群众的意见，了解群众的生活，保护群众的利益，但这还不够，还要使群众敢于批评政府，敢于监督政府，一直到敢于撤销他们不满意的政府工作人员。"② "政府的权威，不是建筑在群众的畏惧上，而是建筑在群众的信任上。群众一经信任政府是他们自己政府的时候，政府在当地就有无上的权威。"③

---

① 《董必武选集》，人民出版社1985年版，第33页。
② 《董必武选集》，人民出版社1985年版，第54-56页。
③ 《董必武选集》，人民出版社1985年版，第56页。

以董必武为代表的共产党人进一步论证了人民政府的群众基础，同时特别注意强调党员应当无条件地服从和遵守政府所颁发的法令和所定的秩序。同时，还严厉地批评有些党员犯了法而逃避政府的审判和处罚的现象。并且以国民党在全中国范围内因为它的党员违法乱纪而遭受国人的痛恶作为鉴戒，严格要求人民司法必须体现群众和党员同等对待的原则。对此，董必武还特地建议边区党委通过一个决议，规定党员犯法加等治罪。"这不是表示我们的党的严酷，而是表示我们党的大公无私。"[1]党员的率先垂范，为司法的人民性提供了基本前提。

因为，在革命根据地时期，"共产党除了群众的利益，没有其自身单独的利益。它不是某个人或几个人私利的小团体。它经常在群众的监督下进行工作。如果它违反群众的意旨，不仅群众会厌弃它，而它在受到敌人袭击时也就无法得到群众的帮助，它自身就有陷于灭亡的危险。"[2]以群众利益为前提和目标的人民司法工作在革命根据地时期共产党人的相关论述中更加明确和饱满起来。"看不起群众，看不起党外人士，这是共产党所不容许的。闭在狭隘的圈子内幽居而和群众隔绝，和党外人士隔绝，同样是共产党所绝不容许的。""群众和党外人士是我们学习马列主义的补习学校，是马列主义的活页课本，是马列主义的实验所。我们用马列主义的原则作指导和他们一块生活和工作，可以告诉他们一些东西，同时也要从他们那里吸取新的东西，以充实和发展马列主义。"[3]马列主义原则之所以能够成为人民司法观的指

---

[1] 《董必武选集》，人民出版社1985年版，第59页。
[2] 《董必武选集》，人民出版社1985年版，第83页。
[3] 《董必武选集》，人民出版社1985年版，第84页。

第一章
集体智慧：人民司法的历史渊源与初步实践

导思想原因即在于此。同时，人民司法观能够成为新中国司法的核心要旨，也是在于人民司法观与马列主义的中国化指导原则具有高度的一致性。陕甘宁边区所推行的大众化司法，以及以马锡五为代表的审判原则，都是人民司法观的具体化，因为强调人民司法观，关乎着革命的胜利。

为了一切以群众利益为根本，陕甘宁边区政府抛弃了自晚清以来所推崇的新式司法制度，开始了大众化的尝试，如简化审级和程序，强调司法人员必须在情感与民众上保持连通、在生活方式上同百姓打成一片，甚至直接发动大众参与司法活动本身，以及将大众对司法机关的评价作为评判法院审判优劣与否的唯一标准等等。[①] 有关陕甘宁边区的司法制度主要有1939年4月公布的《高等法院组织条例》，1943年3月制定的《县司法处组织条例草案》，以及《高等法院分庭组织条例草案》等。在司法程序的具体设计上，边区政府一改专业化司法的思路，大幅度精简司法程序以体现便民原则。如起诉以口头和书面均可，以书面起诉的可以不拘泥于格式，看得清楚即可，司法机关不得以此为理由而拒绝受理；起诉不分时效，审判不分场合、地点和形式，并发明和进一步完善了群众公审、就地审判、巡回审判等便民方式，彻底改变了坐堂办案的传统；判决书力求通俗易懂，同时取消诉讼费和送达费等。

在审判的具体原则的把握上，但凡涉及敌我或农民与地主之间的重大案件，原则上采取判决的形式解决，且在判决中应

---

① 侯欣一：《从司法为民到人民司法：陕甘宁边区大众化司法制度研究》，中国政法大学出版社2007年版，第3页。

当尽量满足人民的要求。非敌我之间的诉讼则采取马锡五审判的方式进行审判。马锡五审判方式虽然是以马锡五命名的一种审判形式，但基本上是人民司法观在边区的具体体现形式。马锡五（1899—1962），本名马文章，字锡五，陕西保安（今志丹）县人，历任陕甘边区苏维埃政府粮食部长、陕甘省苏维埃政府国民经济部长等职，1936年5月后改任陕甘宁省苏维埃政府主席。抗日战争时期，先后担任陕甘宁边区庆环专区、陇东专区专员。1943年3月兼任陕甘宁边区高等法院陇东分庭庭长，开始从事司法工作。1946年4月当选陕甘宁边区高等法院院长，1954年9月被任命为最高人民法院副院长。马锡五虽然没有接受过正规法学教育，但智商较高，精明过人。他在扫盲教育后写了很多高水平文章，在接受白区记者采访时也开合有度，对答如流，判决时更是能扬长避短，较好地平衡政策法令和群众意见。尤其是他能说会道，有总结归纳之长，四处宣扬推广自己的审判经验，综合成就了"马锡五审判方式"。马锡五审判方式的基本特点主要有：1.一切从实际出发，客观全面深入细致地进行调查研究，重证据不轻信口供。2.认真贯彻群众路线，依靠群众辩理说法。实行审判与调解相结合的原则，司法人员与人民群众共同断案，在审判工作中贯彻民主精神。3.坚持党性原则，忠于职守，以身作则，严格依法办事。4.实行简便利民的诉讼手续，不拘泥于形式，全心全意为人民服务。法令、政策和群众意见相结合。① 总体而言，陕甘宁边区政府和

---

① 参见张希坡：《马锡五与马锡五审判方式》第三章第二节"马锡五审判方式的基本特点"的相关论述，法律出版社2013年版。

民众对马锡五审判方式是持欢迎和赞赏态度的。在民众眼里，马专员不摆架子，说话随和，形象亲民，而且了解农民的心理诉求，能够提出百姓易于接受的解决方案，及时解决了实际问题。人民之间的纠纷大都提倡用调解方式来解决，为此，边区政府制定了一系列法律使调解制度化和法律化，如1943年的《陕甘宁边区民刑事件调解条例》等等。

不论是强调人民政权的性质，还是马锡五审判方式，都有着人民司法观的影响。以陕甘宁为代表的边区政府所坚持的司法理念，同当时延安五老，以及老一辈中国共产党人的集体司法智慧是一致的，现以谢觉哉在边区政府时期的司法思想为例，进一步探寻边区司法人的理念和经验。

（二）边区司法人的智慧

1959年4月，继董必武之后出任最高人民法院院长的正是另一位"延安老人"谢觉哉。谢觉哉（1884—1971），湖南宁乡人。早年曾在湖南省立第一师范学校任教。1921年1月加入毛泽东等创建的新民学会。1925年加入中国共产党。1935年任中央工农民主政府内务部部长、秘书长。1937年初，任司法部长并代理最高法院院长和审计委员会主席。与董必武不一样，谢觉哉没有接受过完整的法学教育。长征到达陕北后，他继承了大革命时期的人民司法精神，逐步完善司法原则。为使边区"司法落后"的状况得到逐步改变，谢觉哉明确提出司法人员必须有学问、有才干、司法必须专业化的主张，他还创办了中国革命司法史上第一个司法讲习班。1945年11月，根据中央决定，在边区政府成立了以起草新民主主义宪法为主要任务的宪法研究会，谢觉哉为宪法研究会负责人。1946年6月，中共中央书记处批准在边区宪法研究会基础上成立中央法律问题研究委员会，由谢觉哉任主任。1947年2月又成立中央法制委员会，谢觉哉为副主任。1948年谢觉哉任华北人民政府委员兼司法部部长。新中国成立后，谢觉哉历任中央人民政府内务部长、中央人民政府法制委员会委员、政务院政法委员会委员。从董必武和谢觉哉二老的履历来看，二人存在过多交集，都参与了各个革命时期的立法和司法工作，新中国成立后相继担任过最高人民法院的院长，可以说他们两人都是人民司法的奠基人，共同为新中国司法文明建设做出了卓绝的贡献。通过比较二老司法观的异同，可以更加深刻地感知共产党人对人民司法观的集体智慧贡献。

1. 人民司法积累的经验

谢觉哉早在边区政府主持法律工作时，即致力于改变当时法制落后的基本状况，他积极推进立法工作。1943年3月16日，谢觉哉在延安主持召开司法研究会议上就指出："在边区的司法干部中，有旧的教条主义，也有新的教条主义。旧的教条主义表现在从国内外法律专门学校毕业的人身上，他们往往以旧法观点看待解放区的司法工作；新教条主义是内战时期以来，搞司法工作的干部，他们往往以狭小的小范围的经验，来对付革命形势大发展下的司法问题。"他强调"应该从目前边区人民的需要出发，也即从全国人民的需要出发，建设我们新民主主义司法理论。"①

---

① 谢觉哉：《谢觉哉论民主与法制》，法律出版社1996年版，第642页。

第一章
集体智慧：人民司法的历史渊源与初步实践

董必武等人一直都主张，"人民取得国家权力后，应当及时地把人民的意志用必要的法律形式表示出来。这本来是可以做到的，但是有的我们不知道这样做。"① 谢觉哉也认为"办案要有个框框，所谓依法办事。"② 针对当时法律不够用的情况，谢觉哉强调总结司法工作经验。他甚至认为学校的法律教育的内容正是来源于我们中国人民司法实践中近年来的许多经验。③ 须知新中国成立后各项司法制度的建设也是在董必武等人积极探寻司法工作经验的基础上形成的。在这一点上，二人的司法主张不谋而合。谢觉哉指出："我们要搞出一套适合我国情况的社会主义的司法工作经验出来，当然不是一下子搞得出来的。什么时候搞出来呢？只要你去搞，总有一天会搞出来的。搞出来的时候开始可能还不大好，但总有一些好的。要打破过去某些人所要求的'样子'。什么叫样子呢？我们有我们的样子。"④ 谢觉哉指出总结这些司法经验的目的就是要作为立法的依据和准备。对司法干部明确指出："不是等立好了法叫我们来司，而是要我们在司法的过程中，去分析社会情况，积累司法经验，作为立法的依据和准备。"⑤ 这就是从司法走向立法的基本路子，在革命根据地共产党人的人民司法观中占有重要的位置，无不体现着革命时期立法工作的特色。

谢觉哉在1946年6月代表中央法律研究会给毛泽东写的

---

① 《董必武政治法律文集》，法律出版社1986年版，第342-343页。
② 《谢觉哉文集》，人民出版社1989年版，第1093页。
③ 《谢觉哉文集》，人民出版社1989年版，第996页。
④ 《谢觉哉文集》，人民出版社1989年版，第998页。
⑤ 《谢觉哉文集》，人民出版社1989年版，第646页。

人民司法：
司法文明建设的历史实践（1931—1959）

一封信中，也十分明确地提出，"中国要有自己的立法原则"，并相继直接或间接地指出新中国的立法原则为：一是"实事求是"，"制定有中国特色的法律"；二是"合情理，即是好法"；三是"不要从条文出发而要从人民生活实际需要出发"。他认为中国只有确立起这样的立法原则，才能迅速地建立自己的立法体系，完备中国特色的法制。1947年，谢觉哉参与起草新中国新宪法，又提出："新的法律，不只是内容要突破旧的范围，而且形式也不能为旧的拘泥，要为人民群众所了解。"①在立法上，董必武强调一切从实际出发，反对一切形式主义；倡导从调查研究入手，不断总结经验，在实践中立法。谢觉哉也认为"不论是封建统治阶级或者资产阶级，他们所立的法也是积累了几十、几百年的压迫劳动人民的审判经验而制定出来的"，因此，人民的法律必须是"我们司法积累的经验"。②但同时，谢觉哉也指出，从"实际"中得出来的"很多具体"的"经验"，经过"能分析实际经验、抽出规律的法律专家"，把它"提高到理论上加以整理"，"经过一定的立法程序"，就成为"成文的法律"。因此，他提出了"从经验中创建法律"的观点。③

2. 人民司法的基本要求

依法办事的第一个前提在于有法可依，第二个前提在于知法可依，这就是革命时期共产党人都十分看重法官懂法并正确

---

① 习仲勋等：《廉洁奉公的楷模，秉公执法的典范——纪念谢觉哉同志诞辰一百周年》，载《人民日报》1994年7月10日。
② 《谢觉哉文集》，人民出版社1989年版，第1012页。
③ 《谢觉哉日记》（上卷），人民出版社1984年版，第469页。

第一章
集体智慧：人民司法的历史渊源与初步实践

运用法律断案的重要原因。董必武指出"我们过去判错案件还不完全因为没有法律依据，其中原因之一是遇到具体案件，不能恰当的运用到案件。"① 他清晰地认识到，"有了法，还必须有具备起码的法律科学知识的人去运用，否则就不可能不判错案，这是个比立法更不易解决的问题"。②

谢觉哉亦指出"司法干部要懂法，司法干部要讲法。可是不懂法的人和不讲法的事还是有。例如，人民法院独立进行审判，只服从法律。这是宪法和人民法院组织法上规定的。"他认为"法院是评道理的地方，犯罪分子怕他，因为他讲道理，没理的逃不过去……人民爱护法院，首先在于法院深通道理探明法律，站得住脚。"谢觉哉批评了当时在法院实际工作中出现的审判人员没学好法，直接影响到群众的守法问题。他强调"现在群众对《婚姻法》也不大遵守了，法院判案子，在判决书上不提根据《婚姻法》那一条规定，因为他自己没有学好，看来法律还是要认真学的，以后还有法律颁布出来，以后更要继续学习。"③ 当然，他认为法官必须按照实际调查的材料和证据进行案件的审理，而不能死啃法律条文。④

法官依法办事的第三个前提在于能够独立审判，因为对法律条文内容和精神的理解必定是基于个人化的知识经验。新中国成立初期，在审判独立问题上人们还有分歧，"好多地方

---

① 《董必武政治法律文集》，法律出版社 1986 年版，第 375 页。
② 《董必武政治法律文集》，法律出版社 1986 年版，第 376 页。
③ 《谢觉哉文集》，人民出版社 1989 年版，第 1131 页。
④ 《谢觉哉日记》（上卷），人民出版社 1984 年版，第 492 页。

都怕讲独立审判",甚至在 1954 年宪法规定"人民法院独立审判,只服从法律"之后,仍有"不少地方不能贯彻这个原则"。①而早在 1945 年初,谢觉哉就提出司法独立的主张,他说:"司法独立内容是:法律独立,不受别的力量干涉。"他还指出,"这种独立,我们还非常不够,还只仅仅有点倾向,应该扶助这种倾向,从速做到真正独立而不是批评它。"②1949 年 1 月,谢觉哉《在司法训练班的讲话》强调:"我们现行的司法制度,不是形式上的独立,而是审判只服从法律的独立。行政机关对司法,只是帮助而没有干涉,帮助他判案,而不是干涉他判案。……我们现在讲审判独立,这是党规定的,党需要司法机关能够独立进行审判。……因为不独立审判,发生许多毛病。有些同志也感到这个案子这样判不大好,但是人家硬要这样判,也只好这样判。不独立审判,法院可以不负责任,这个案子不是我判错的,是你要我这样判的。这不好,法院的同志要负责任,要提出自己的主张。"③

过于强调司法独立,又反倒会引起地方政权极力维护自己判决的情况。谢觉哉在担任中央西北办事处司法部长,并兼任陕甘宁边区高等法院院长期间,经常亲自批复案件,纠正原判中的一些错误,严防司法独立的负面效果。原判机关怕破坏司法机关的威信而常常不愿改判。谢觉哉曾严肃地指出,"司法威信的建立,在于断案的公正和程序的合法,不在于改判与否上"。中央西北办事处司法部成立不久,省裁判部送来"王观

---

① 《谢觉哉文集》,人民出版社 1989 年版,第 1122 页。
② 《谢觉哉日记》(下卷),人民出版社 1984 年版,第 755 页。
③ 《谢觉哉文集》,人民出版社 1989 年版,第 1105 页。

第一章
集体智慧：人民司法的历史渊源与初步实践

娃死刑案"，请谢觉哉批复。案情报告说王观娃当过土匪，今年又抢过一次人，因此原判机关认定"非处死不可"。谢觉哉反复查看案卷，提出一系列可疑之点：王观娃的罪到底是什么？当了几年土匪都有什么事实？今年抢人抢了些什么？在何处抢的？抢的情形怎样？怎样活动人当土匪的？都是哪些人？他指出：凡此种种事实情节，都没有说清，在案卷报告上看不出来，这样马马虎虎，怎好来定人的死刑？于是他拿起毛笔，重重地写了四个大字："无不下批！"省裁判部看到谢觉哉的批复后，重新查据审理，结果以"无罪释放"结案。即使是判了刑的犯人，谢觉哉也认为他们只是犯了罪的"人"。谢觉哉经常向司法人员讲解"犯人也是人"的道理，而且他们"是社会上不幸的人"，只是主观和客观的种种原因使他们成为犯人，其实这对犯人本人及其家属，都是不幸的。因此，人民政府对他们的关心应该多一些。一方面要剥夺他们的自由，另一方面要尊重他们的人格，改善他们的环境，以激发他们的上进心和羞恶心。①

以董必武和谢觉哉为代表的革命时期的共产党人均在司法独立问题上发表过多次重要讲话，对于人民群众及早形成法律至上的观念起到了非常重要的导向作用。他们的学识和理论素养，参与和领导立法和法制的实践经验，使他们成为新政权和执政党在法学理论和法制实践两方面都举足轻重的领军人物，他们的法制思想成为毛泽东思想法律观的重要组成部分。②

---

① 黄栋法：《谢觉哉延安判案记》，载《法学杂志》2000年第1期。
② 曾亚平：《董必武、谢觉哉法学思想合论——中国共产党早期法制建设的理论成就》，载《董必武法学思想研究文集（第十辑）》，第4页。

3. 人民司法需要人民调解

谢觉哉曾明确表达自己处理调解问题的方式："群众之间知根知底，利益关系错综复杂，最好的解决方式便是自我调解。"① 这是人民调解的第一种方式，此种方式被陕甘宁边区绥德西直沟村主任郭维德熟练运用，在其任职期间未曾出现打官司等事件，郭维德在调解工作上的优异成绩在当地及周围得到了广泛传播，谢觉哉等共产党人也不耻下问，多次倡导向郭维德学习。第二种调解方式是政府调解。此类调解方式指在政府的领导之下，由基层人民政权主持解决人民群众矛盾。谢觉哉表示："对待人民群众的调解请求要认真对待，为其出谋划策，同时为其寻找专门调解人员调解。"② 第三种方式是司法调解。审判与调解相结合是谢觉哉一贯的主张，更是他在司法工作中一项行之有效的方法。谢觉哉要求各级司法工作人员充分认识调解工作的重要意义。他指出："审判是强人服从，调解是自愿服从"；调解是解决人民群众之间冲突的最好方式；调解可以使大事化小，小事化无；可以使小事不闹成大事，无事不闹成有事；可以使农村和睦，节省劳力从事生产。他要求区乡政府把调解工作看做是自己的一件主要工作。谢觉哉自己就是做调解工作的模范。有一次，边区政府的一位干部到延安东关一个姓余的农户家借农具。主人不愿借，还说了一些不好听的话。这个干部就动手打了对方，引起了纠纷，被弄到法院处理。谢觉哉了解了事情的

---

① 张希坡、韩延龙：《中国革命法制史》（上册），中国社会科学出版社1987年版，第512页。

② 《谢觉哉文集》，人民出版社1989年版，第583页。

第一章
集体智慧：人民司法的历史渊源与初步实践

原委：这个干部是长征战士，又为革命致残，他对那家农户并无恶意，而且是初犯，已在本单位做了检讨。谢觉哉认为，为了挽回群众影响和教育干部，还是采用调解的方法为好。于是，谢觉哉亲自到东关，向余家说明了这个干部的情况，说明其本人已认识了错误，写了检讨，并代表这个干部向余家全家道歉。老余看到谢觉哉这样大的年纪，还亲自上门道歉，很受感动。老余还认识到自己也有错，应该借农具给机关解决困难，这是自己应该做到的，不借反而骂人，是不对的。于是老余主动借农具给边区政府，还要找毛泽东，要求不要处分那位干部。在谢觉哉的安排下，那位干部和老余又见了面，各自认了错，道了歉，言归于好。就这样，一个案件，经过谢觉哉调解，得到了圆满解决。谢觉哉等革命法律人对调解的推行有着功不可没的作用，各地的调解工作也平稳进行。其中，在冀中地区，每月就有1600多起矛盾纠纷因调解工作顺利进行而解决。石家庄法院秉承小事以调解为主的原则，在三个月时间内解决了360多件纠纷。1954年3月22日，《人民调解委员会暂行组织通则》的颁布意味着调解制度正式登上历史舞台，该制度中对新时期调解制度做出明确规定且这些规定沿用至今。

人民调解制度充分体现了从群众中来到群众中去的共产党人工作方针，得到了革命根据地时期法律人不遗余力的强调和推行，谢觉哉也将从群众中来再到群众中去的观念在人民司法中体现得淋漓尽致。"党的宗旨是为人民服务，而司法工作则是为了保证这一宗旨能够得到更好实现，新司法的成立时群众有了保护自身的武器，更是实践了从群众中来到

人民司法：
司法文明建设的历史实践（1931—1959）

群众中去"①他认为人民群众的利益不容践踏，保护群众利益是实现人民当家做主的重要保证，因此其坚决贯彻人民调解的诉讼制度。"法律的建立是为了使群众更好保护自己，司法过程中必然要听取群众意见。当案件存在疑惑时，不妨深入基层，倾听群众的意见，群众的眼睛总是雪亮的，能为案件的办理提出建设性意见。司法工作者更是身负重责，其工作是对政府负责，对人民负责，关门工作难免会存在一己之见，具有主观性，聆听群众意见才能帮助自己做出正确处理。走群众路线的口号说得容易，做起却是困难重重，司法人员需要受得住困苦，有一颗持之以恒的心。"②

4. 人民司法还需人民守法

从党的边区政权建设开始，共产党法律人就非常强调党员遵纪守法的重要性，董必武曾告诫说："国民党在全中国范围内因为它的党员不遵守它领导的政府所颁布的法令而遭受到国人的痛恶，这是我们应当拿来作为鉴戒的。""边区政府是我们党领导群众建立起来的，……政府所颁布的法令，所定的秩序，我们党员应当无条件地服从和遵守。那些法令和秩序是我们公共生活所必须的，而且法令是经过了一定的手续才制定出来的，秩序是经过一定的时间才形成起来的。在制定和形成时已经渗透了我们党和我们自己的意见和活动。我们如果违背了政府的法令，破坏了社会的秩序，我们自己必须负责，受到国家法律的制裁。"新中国建立后，董必武多次强调国家工作人

---

① 《谢觉哉日记》（上卷），人民出版社1984年版，第556页。
② 《谢觉哉文集》，人民出版社1989年版，第649页。

第一章
集体智慧：人民司法的历史渊源与初步实践

员"必须带头遵守"宪法和法律，"不容许有任何凌驾于法律之上的特权"。谢觉哉也指出："有了法制禁令就得遵守"，因为"法是强制的，不许不执行"。① 他强调人民遵守自己的法律"应该是自觉的"，因为"法律是人民依据自己无数次的经验而制定的。""制定法令"的"政府系统"，"先要有守法的观念。"② 工作人员首先"要守法"，"要以身作则"，"这对于一个新生的国家来说，尤其重要"。他认为：如果这些"政府机关""自己也动摇起来"，"那就危险"，"'州官可以放火'哪能去'干涉老百姓点灯'？"③ 他说："一个国家的工作人员，如果不遵守法律，不按法律规章办事，以至随心所欲，乱'司'其法，这就必然会破坏这个国家的民主生活，从而使自己走向反面。"因此，"公家人"必须是自觉"遵守法令的模范"。④

总体而言，以谢觉哉和董必武为代表的革命根据地时期的共产党法律人，最重要的贡献是为中国革命政权创立了人民司法制度的雏形，使革命运动能够在没有正式法律条文的形势下，有效地保证了抗日根据地的建立和巩固，并通过集体智慧为新中国的司法文明奠定了坚实的基础。

三、华北人民政府时期的人民司法

1947年11月石家庄解放，晋冀鲁豫、晋察冀两大解放区

---

① 《谢觉哉日记》（下卷），人民出版社1984年版，第820页。
② 《谢觉哉文集》，人民出版社1989年版，第874–876页。
③ 《谢觉哉文集》，人民出版社1989年版，第650页。
④ 《谢觉哉文集》，人民出版社1989年版，第608–609页。

遂连成一体。时任中共中央工委书记的刘少奇于1948年2月16日致电彭真、聂荣臻、薄一波并中共中央，提出晋察冀、晋冀鲁豫两个边区、中央局、军区合并，成立华北中央局。5月9日，中共中央正式决定晋冀鲁豫、晋察冀两解放区合并为华北解放区；两中央局合并为华北中央局，由刘少奇任第一书记；两军区合并为华北军区，由聂荣臻任司令员；两边区政府暂成立华北联合行政委员会，由董必武任主席。5月20日中共中央华北局、华北解放区正式宣告成立。华北局一成立，刘少奇便指出"我们现在建设的各种制度将来要为全国所取法。中央工作主要是华北局工作，华北工作带全国性意义。我们从陕北出发，落脚华北，今天又从华北出发，走向全国。"① 8月7日至19日，华北临时人民代表大会在石家庄电影院秘密举行，出席大会的代表共542人，其中党员376人，非党人士166人，代表了华北的山西、河北、平原、察哈尔和绥远五省的4500余万人民。会议从39名候选人中选举出了董必武、聂荣臻、薄一波、徐向前等27名华北人民政府委员，华北人民政府随即宣告成立。此次选举同时兼顾了其他解放区，在政府委员名额39人中只选27人，保留12个名额，责成华北人民政府在新解放区及可能统一联合之兄弟解放区随时聘请之，充分证明了华北人民政府作为新中国中央人民政府雏形的意义。

1948年9月20日至24日，华北人民政府第一次委员会召开，会议选举董必武为华北人民政府主席，薄一波、蓝公武、

---

① 陈绍畴、刘崇文主编：《刘少奇年谱（1898—1969）》（下卷），中央文献出版社1996年版，第148页。

第一章
集体智慧：人民司法的历史渊源与初步实践

杨秀峰任副主席，并选举产生了各部部长、各委员会主任、人民法院院长、人民监察院院长、华北银行总经理、秘书长、劳动局局长。9月26日，华北人民政府正式成立，各部门负责人正式就职。华北人民政府成立后在政权建设、发展经济等方面实施了一系列纲领，不仅为新中国中央人民政府创建了组织基础，而且为新中国开创了一整套重大的政治制度。1949年10月27日，毛泽东发布命令："中央人民政府业已成立，华北人民政府工作着即结束。……中央人民政府的许多机构，应以华北人民政府所属有关各机构为基础，迅速建立起来。"10月31日，华北人民政府完成其历史使命，中央人民政府各部委在其基础上迅速建立。

在建设新时期的法制时，以董必武为代表的华北人民政府将《六法全书》予以直接否定，并表示《六法全书》是"旧统治阶级统治人民镇压人民的工具"，"与新民主主义司法精神根本不合"，"要以我们自己的法令和政策去镇压一切反革命和破坏分子"。在抛弃《六法全书》为代表的国民党"反动法律"的同时，华北人民政府明确了何为"人民的法律"。"人民的法律"的来源是解放区人民长期的统治经验，并且有的已经研究好，写在人民政府、人民解放军发布的各种纲领、法律、条例、命令、决议等规定里。华北政府在存续的13个月里，先后制定和颁行了200多项法令、训令、条例、规章、通则、细则等，内容涵盖了建政、支援前线、经济建设、民政、公安司法、金融、财政税务、工商贸易、交通、农业水利、教育、科技、文化、卫生等诸多方面。

华北人民政府的意义是"从华北走向全国"，为此，华北人民政府成立了秘书厅、民政部、教育部、财政部、工商部、农业部、公营企业部、交通部、卫生部、公安部、司法部、劳动局、华北财经委员会、华北水利委员会、华北人民法院、华北人民监察院、中国人民银行等正规化的政府机构。最为重要的是，华北人民政府为新中国开创了一整套重大的政治制度，其各级政权建设的方式、途径和经验，为新中国的各级政权体制做了各方面的准备和探索。①

在司法制度的创建方面，1948年10月华北人民政府发布了《关于统一各行署司法机构名称及审级的通令》和《关于统一复核死刑案件的通令》，要求各行署原有司法机关一律改为人民法院，各行署转令各县政府迅速恢复相对独立的司法组织。由此拉开了华北人民政府在司法制度上的工作序幕，逐渐形成了严格的审级制度、裁判委员会制度、刑事复核制度、调解制度等。新中国成立之后的公检法机构均是在华北人民政府的基础上建立起来的。公安部的主体是中共中央华北局社会部的全体人员加上部分机构，由原华北局社会部部长杨奇清出任唯一的公安部副部长。华北人民政府副主席兰公武出任最高人民检察署副检察长。华北人民政府主席董必武于1954至1959年出任第二任最高法院院长，司法部长谢觉哉于1959至1965年出任第三任最高法院院长，副主席杨秀峰于1965之后出任第四任最高法院院长。以上人事任命至少证明了华北人民政府时期的司法制度之于新中国司法制度的重要意义。

---

① 阎书钦：《论华北人民政府的成立、特点及其对新中国政权体制的探索》，载《当代中国史研究》1999年第6期。

第一章
集体智慧：人民司法的历史渊源与初步实践

（一）审判制度：人民司法的体制建设

1948年9月，董必武当选华北人民政府主席。在就职仪式上董必武就朗声宣布："华北人民政府是由游击式过渡到正规式的政府，首先要建立一套正规的制度和办法，要创立新的法律、法令、规章制度，要按照新的法律、法令、规章制度办事。"在董必武的推动下，1948年10月23日华北人民政府发布《关于统一各行署司法机构名称及审级的通令》，规定县司法机关为第一审机关，行署区人民法院为第二审机关，华北人民法院为终审机关。1949年3月颁布《关于刑事复核制度由》，随后又颁布了《为确定刑事复核制度的通令》，进一步规定人民法院死刑案件"送经华北人民政府主席批准，始为确定之判决"，从而实现了死刑复核制度的正规化。同时加强了县市法院、行署区法院、省法院、华北人民法院四级法院的设置，相较于陕甘宁边区，此种设置的一个重大改动便是将行署作为县和省、华北区之间的一个独立审级，而并非如陕甘宁边区的审级设置，专区一级与边区高等法院是重叠的二审。1954年颁布的《人民法院组织法》也正式在省与县之间的地区行署一级设置了地区中级法院，完成了四级两审制的设置形态。至1951年4月，全国新建人民法院891个，连同原已建立的，共有2458个人民法院。现行的法院体制、审级、上诉、死刑复核、公开审判、陪审员等制度都基本成型于华北人民政府时期。[①]

作为当时最高法院的华北人民法院，初期管辖北岳、冀中、冀鲁豫、冀南、太岳、太行和晋中七个行署及石家庄、阳泉两市

---

① 刘波：《党内五老：董、林、吴、谢、徐》，载《同舟共进》2011年第7期。

的司法区域。针对刑事案件在押人犯入监所后长期搁置，民事案件未结比例偏重等案件积压严重的现象，华北人民政府在1949年5月21日制定的政府训令中规定：第一，对新受理的案件要分清轻重缓急，确定其先后处理的方针。对可以不起诉的案件，劝其回家生产；对于可以起诉但有调解可能的，当即进行调解；对于调解不成的案件，定期进行审理。华北人民法院在新案受理上还采取石家庄市法院的值日制度经验，以解决案件积压的问题。对起诉至法院的纠纷或控诉人，由值日的书记官接洽。若属于民事纠纷方面的案件，先由原被告口头辩论，由书记官当场加以解决，遇到疑难问题则向主管推事请示。第二，在旧案的清理上，要根据华北人民政府制定的清理未决犯精神，调查案情，研究处理办法，对有罪者判处刑罚，嫌疑不足或证据不足者尽快释放。要求办案人员熟悉掌握有关的政策法规，根据案件的具体情况进行调查研究，克服拖延等待思想，从主观上把案件的处理重视起来。

（二）调解制度：人民司法与人民调解

华北人民政府非常重视和解和调解工作。在华北人民政府时期，中共加强了基层调解组织的建设，将人民调解和司法调解区分开来。村级设调解委员会，委员由村主席和选举或推举的人员担任。区级设调解助理员或调解委员会，由区长担任主任委员，其余委员由区公所聘请群众团体代表或在群众中有威信的人士担任。相反，陕甘宁则不主张设置固定的专门调解组织。①1949年2月25日通过的《华北人民政府关于调解民间

---

① 杨永华、方克勤：《陕甘宁边区法制史稿（诉讼狱政篇）》，法律出版社1987年版，第189页。

第一章
集体智慧：人民司法的历史渊源与初步实践

纠纷的决定》成为人民调解制度由农村向城市发展的标志，该《决定》指出："调解是人民的民主生活的一部分，凡可以调解之事，如调解好了，不只保全和气，不费钱，少误工；而且平心静气的讲理，辨明是非，教育的意义很大；调解中有互让或互助，可以改变人们的狭隘思想，这都是调解的好处。"①而且，该《决定》还对调解做出了相对具体明确的规定，提出多渠道进行调解，主持调解的主体涉及广泛的人员和机关。同时，该《决定》规定了调解的具体范围：凡民事案件均得进行调解，但不得违反法律上之强制规定。刑事案件中仅对一般轻微刑事案件进行调解。加强区村一级的民调组织建设，无疑将矛盾尽可能化解在基层，减少了讼累。对于民事案件和轻微刑事案件，只要不违反法律强制性规定，不是损害国家社会公共利益案件和损害个人权益较重的案件，都倡导进行调解；强调要以劝说为主，反对无原则的和稀泥，不服调解的，要依法进行审判。1954年2月25日颁布的《人民调解委员会暂行组织通则》也基本采纳了华北人民政府时期的上述做法。②

董必武在1954年9月第一届全国人民代表大会第一次会议上当选为最高人民法院院长后，依然十分重视调解工作。最高人民法院在1955年7月3日给第一届全国人民代表大会常委会作的工作报告的附录二《关于北京、天津、上海等十三个城市高、中级人民法院民事案件审理程序的初步总结》中，明确提出了"对案情已经明确而又有调解可能的案件，为增进人民内

---

① 《董必武法学思想研究文集》（第八辑），人民法院出版社2009年版，第24页。
② 刘忠：《"从华北走向全国"：当代司法制度传承的重新书写》，载《北大法律评论》2010年第1期。

部团结以利于发展生产,受理这种案件的审判人员可以试行调解。调解可以在人民法院内进行,也可以在人民法院外进行。调解必须出于双方当事人的自愿,不得强迫"。董必武在1957年7月2日所写的《正确区分两类矛盾,做好审判工作》一文,可以说是运用马克思辩证的法学方法,对于当时复杂的社会局势作出准确分析的基础上,一针见血地指出:"法院必须充分认识审判民事案件对调整人民内部矛盾的重要作用,并充分予以发挥。但这类纠纷都是在根本利益一致的基础上发生的,不是不可调和的矛盾,所以应该以加强内部团结、有利生产为目的,根据政策、法律,尽可能用调解、说服、批评教育的方法来解决,并从加强思想政治教育倡导新社会的道德风尚,来促进矛盾的根本解决。人民法院受理民事案件后,也应该视案件的情况,适当进行调解;必须判决的,应该认清纠纷所反映的矛盾,依法判决。"① 1958年4月董必武所做的《当前司法工作的几个问题》中也提到了:"人民内部矛盾是大量存在的,但不是所有的人民内部矛盾都要到法院来解决,是某些矛盾到了不可开交的时候才到法院解决。法院只管这一类。……将来加强调处委员会的工作,到法院来办案的可能会减少,但不能说没有矛盾了。……我们调解人民内部矛盾,也是为了促进生产。……有的人民内部矛盾处理不好,也是有危险的,它会转化。"这就是在共产党法律人的人民司法思想体系中一以贯之的人民调解理论,人民调解成为新中国司法文明的独特发明,对世界司法史也具有重大的贡献,这一贡献也是中国共产党集体智慧的结晶。

---

① 《董必武选集》,人民出版社1985年版,第469页。

第二章　依法办事：人民司法的基本前提与立法保障

一、实用主义与依法办事

以董必武为代表的早期共产党法律人发明的"依法办事"的思想是邓小平同志"有法可依、有法必依、执法必严、违法必究"思想的重要来源。薄一波同志曾对董必武的"依法办事"，"有法可依、有法必依"的主张给予高度评价，他在《若干重大决策与事件的回顾》一书中"论述党探索适合中国国情的社会主义建设道路这个战略问题"时谈到"八大展示的探索成果，在经济领域以外的，要算董必武同志关于法制建设的观点最为重要。"①

作为中央人民政府雏形和前身的华北人民政府，就提出"正规的政府，首先要建立一套正规的制度和办法，过去好多事情不讲手续，正规化起来，手续很要紧……光讲良心和记忆，

---

① 薄一波：《若干重大决策与事件的回顾(上)》，中央党校出版社1991年版，第496页。

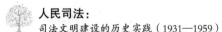

会把事情办坏。"① "建立新的政权,自然要创建法律、法令、规章、制度。我们把旧的打碎了,一定要建立新的。否则就是无政府主义。"华北人民政府时期还特别坚持立法的民主性,认为"这样新的法令、规章、制度,就要大家根据无产阶级和广大劳动人民的意志和利益来拟定。"② 新中国成立后,共产党法律人更是强调"人民取得国家权力后,应当及时地把人民的意志用必要的法律形式表示出来。"例如《1954年政法工作的主要任务》就深刻指出:"为什么把立法问题摆在前面?因为立法工作特别是保卫经济建设的立法工作,相应落后于客观需要,今后如果要按法制办事,就必须着重搞立法工作。"中共八大上又强调:"在废除旧的《六法全书》之后,要逐步完备我们的法制,写出我们自己的《六法全书》。要制定刑法、民法、诉讼法、劳动法、土地使用法等一系列法律。"对于法律的制定,一要坚持"适应国家迫切需要"的原则;二要坚持"从群众中来,到群众中去"的原则;三要坚持"因时制宜和因地制宜"和"不抵触宪法"的原则;四要坚持借鉴"我国历史上和国际上一切对人民有益的经验"的原则。③ 这些立法原则,对于今天的立法工作同样适用。同时,要加强法制宣传,提高人民当家做主的思想,培养人民信法、懂法、守法。党员和干部要带头模范地遵守法制。凡自命特殊、置国法于不顾而犯了法的人,不管他地位多高,功劳多大,一律要追究法律责任。随后,法律体系的完善循序渐进地展开。

---

① 《董必武政治法律文集》,法律出版社1986年版,第30页。
② 《董必武政治法律文集》,法律出版社1986年版,第41页。
③ 《董必武政治法律文集》,法律出版社1986年版,第481页。

第二章
依法办事：人民司法的基本前提与立法保障

以董必武为代表的共产党法律人是中国共产党第一代领导集体中少有的专修过法律的领导人之一。早在大革命时期即曾主持制定过《惩治土豪劣绅暂行条例》和《审判土豪劣绅暂行条例》，既有实体法，又有程序法。早期共产党人还极力用法律手段支持农民运动。1949年新政协筹备期间，《中华人民共和国中央人民政府组织法》草案小组就有不少革命法学家参与，他们的工作重心之一就是建立和完备人民法制。以董必武为代表的革命法学家亲自主持或参与了新中国一系列法律法规的起草和制定工作，如《中华人民共和国中央人民政府组织法》《中华人民共和国土地改革法》《中华人民共和国婚姻法》《中华人民共和国惩治反革命条例》《中华人民共和国惩治贪污条例》《中华人民共和国民族区域自治实施纲要》《中华人民共和国兵役法（草案）》等各项重要法规，以及《工会法》《农协组织法》《劳动保险条例》《私营企业条例》《人民法庭组织法》等。甚至在1954年3月《中华人民共和国宪法》的制定过程中也发挥了重要作用，并直接参与了此后《中华人民共和国全国人民代表大会及地方各级人民代表大会选举法》的制定，是对依法办事的具体实践和强力推动。总体而言，共产党人围绕人民民主专政的法制建设所提出的"依法办事"的法治思想，是运用马克思主义的国家观、法律观，总结无产阶级执政党建设社会主义的经验，成为指导新中国司法文明建设的主要理论。

不过，由于强调依法办事，强调法律的工具理性，新中国早期立法实践无不体现着早期立法的实用主义特征。有学者深刻地指出中国现行立法体制的形成有其实用主义的观念基础，工具建构主义、精英决定论、实验主义、经济中心主义指导了中国立法的主流意识。①当然，其核心结论即是实用主义的观念影响了主流的立法，决定了中国立法体系的外观。不可否认，短时间内的各种实用主义法规必然带有应急性的特点。《共同纲领》在新中国成立之初充当了宪法的作用，而1950年的《婚姻法》则成为新中国成立以来第一部正式法规，主要原因则是为了解决当时共产党人的婚姻问题，依然带有浓烈的应急色彩。虽然1949—1954年间经政协全体会议和中央人民政府委员会制定或批准的法律、法令共50件，但从1949年10月到1954年9月制定的法规就达3500余件。②在从1954年人民代表大会制度建立到1957年上半年不到三年的时间里，全国人大及其常委会制定和批准的法律、法令有40多个，主要包括政权建设、社会主义改造和经济建设、刑事和治安管理等方面的法律、法令。③由于此时期十分强调党的领导，因此以党代法、以党的决议代替法律的倾向较为普遍，各项运动的开展使立法工作并未按照严格的法律程序进行，而且有些决策直接绕开了立法环节。在1949—1957年间，中国经历了从旧经济体制向以公有制和计划经济为代表的社会主义经济体制的过渡。计划经济最迫切需要的是有关经

---

① 陈端洪：《立法的民主合法性与立法至上——中国立法批判》，载《中外法学》1998年第6期。

② 郭道晖：《当代中国立法（上）》，中国民主法制出版社1998年版，第394-395页。

③ 蔡定剑：《历史与变革：新中国法制建设的历程》，中国政法大学出版社1999年版，第94页。

第二章
依法办事：人民司法的基本前提与立法保障

济管理、指令性计划以及行政干预方面的规范性文件，这就决定了当时大量立法不过是被赋予法律外观的行政指令。① 这些指令具有短时性和应急性，严重影响了法律的权威。1957—1966年十年社会主义建设时期，国家立法的关注点放在农业、工商业和计划与财税三大方面，单依然延续了政策代替法律的应急特点，例如1961年中央颁布的"农业60条""手工业60条"和"商业40条"都是比较典型的代表。② "文革"十年法制建设的停滞自不待言。

  1978年改革开放后，国家逐渐转向以经济建设为中心，需要立法为经济发展保驾护航，开始了经济立法大提速。1979—1991年是市场化和法制化改革的初始阶段。据不完全统计，1979—1991年间全国人大及其常委会通过的法律达104部，其中经济法48部，约占50%，平均每年有4部经济法出台，其中多是有关经济改革、经济管理和外商投资的法律规范。国务院发布或批准的法规596部，其中经济法规425部，约占71%，平均每年颁布33部经济法规。到1992—2000年，市场经济体制初步建立，第七届人大于1992年通过的法律法规共16件，其中经济立法6件。国务院发布或批准的法规性文件共84件，其中大部分为经济法规。1993年第八届人大共通过法律和有关法律问题的决定33件，其中经济法方面12件。1994年第八届人大又通过经济法律20件。而第八届全国人大任期

---

  ① 赵颖坤：《公有制、计划经济与立法制度的选择——1949—1966年间中国立法的经济背景》，载《江淮论坛》2008年第3期。
  ② 刘红军、沈玮玮：《中国经济立法六十年志》，载《国际商报》2009年12月22日。

内共通过法律 85 个、有关法律问题的决定 33 个，第九届人大在 1998 年至 2000 年期间共立法 49 件，涉及经济法的立法有 10 件。到 2001—2009 年，社会主义市场经济基本完善。第九届人大 2001 年到 2003 年共计立法 53 件中经济法就有 15 件。第十届全国人大及其常委会仍然把经济立法作为重点，在 73 件通过的法律中，其中经济法占 22 件，考虑到民商法（12 件）和行政法（25 件）中也包含有一些经济法律，经济法占有的比重更大。而据不完全统计，20 世纪 80 年代我国共制定法律及有关法律的决定 148 件，90 年代制定 220 件，新世纪前十年制定 191 件。也就是说，中国现行主要的法律基本都是在改革开放的背景下迅速制定的，这是经济发展下的实用主义指导的当然结果。

将法律视为工具的古老传统，以及中共革命时期依然坚持将法律视为统治工具的马列主义方针，决定了新中国初期的法律当然带有实用主义的色彩。实用主义乃是为了政治合法性而服务，同政治合法性共同构成了新中国初期立法的主要特色，也成为中共依法办事思想的主要导向。立法是司法的前提和保障，因此，强调以人民为皈依的司法观，也具有明确的实用主义倾向。以下通过考察共产党法律人对待土地政策法律制度的态度，更能体现其所倡导的灵活实用的依法办事观。

二、依法办事与土地法制

老一辈革命法学家积极投身于新政权的法制建设活动，积累了丰富的法学理论和实践经验。其有关法制的思想内容丰富，涵盖立法、司法和民主法制建设等多方面，而经由董必武提出

第二章
依法办事：人民司法的基本前提与立法保障

的"有法可依，有法必依"的"依法办事"的法治思想则是共产党人集体智慧的结晶。作为法律重要组成部分的土地政策立法及其土地改革运动，在整个新民主主义的法律建设中，始终占据着非常重要的地位。土地问题的解决，既是革命根据地得以建立和巩固的坚实基础，又是社会主义法制建设发展建立的基石。作为革命根据地和新中国政法工作的主持者和参与者，早期共产党法律人对土地问题始终关注，发表了不少言论，充分体现和遵循了中国共产党灵活实用的政策立法原则，也是"依法办事"思想的重要反映。

（一）重视土地问题，关注农民权益

土地问题，不仅是经济问题，也是政治和法律问题，为历来的统治者所关注。历朝历代为解决土地问题有过各种方案，如早期的井田制、均田制、屯田制等，近期太平天国的"天朝田亩制"、孙中山的"平均地权、耕者有其田"等，都曾大张旗鼓地实施过，但都没有取得预期的效果。新民主主义时期的土地问题归根结底是土地所有权的归属问题，在土地私有的既有前提下，地主占有大部分土地，广大农民却没有或只有少量土地的这一客观状况，形成了土地占有上的突出矛盾，正如共产党人所总结的那样："在旧中国，约占乡村人口百分之十的地主和富农占有约百分之七十到八十的土地，而占乡村人口百分之九十的雇农、贫农、中农及其他人民，却总共只占有百分之二十到三十的土地。"[①] 对土地问题的解决与否，如何解决，直接关系到国计民生和政局稳定，关系到能否争取广大农民的

---

① 《董必武选集》，人民出版社1985年版，第323页。

支持,能否得到民心。

在共产党法律人看来,土地问题在二千多年前就已提出来,解决土地问题的意见也很多,大概有三次,王莽的王田制,北魏的均田制,太平天国的天朝田亩制。不管是统治者自上而下的改革,还是农民自发起来解决土地问题,这两种改革都没有成功。而中国共产党自一开始便认识到此问题的重要,认识到土地改革的重要意义。① 在强调解决土地问题重要性的同时,利用多种方法来解决土地问题成为中共土地政策的共识:"这次大战后,新民主主义国家的土地问题都要解决,当然不是用一种方法来解决,方法是各种各样的。中国目前一定要解决这个问题。我们不能解决这个问题,那中国革命就不会成功,能解决这个问题,中国革命才一定会胜利。"② 共产党法律人通过从历史的角度回顾土地问题的各种解决方案及其得失,认为只有中共的土地政策是切合实际和可行的,并对中国共产党土地政策的发展演变和经验教训作了一番归纳总结。

(二)政策顺时而变,提倡灵活实用

土地政策是为解决中国传统社会土地问题而提出的方案对策,其正确与否直接关系着中国共产党土地革命运动的成败。中国共产党的土地政策,经历了一个逐步发展和探索完善的过程,由于特定的历史背景和要求,中共土地政策所关注的不仅是单纯的土地经济问题,更多的是政治意义问题。因此从一开始,其土地政策就呈现出明显的阶段性,随时势而变化,体现

---

① 《董必武选集》,人民出版社 1985 年版,第 128 页。
② 《董必武选集》,人民出版社 1985 年版,第 129 页。

第二章
依法办事：人民司法的基本前提与立法保障

为灵活实用的特点，也因为如此，争取到广大农民的衷心支持和拥护，最终取得新民主主义革命的胜利。

在国共第一次合作时期，"平均地权和耕者有其田"的土地政策，成为国共合作的主要政治基础。中国共产党接受孙中山民生主义的"平均地权"政策，在具体的执行中则采用"减租减息"的土地主张，这些政策适应了当时的大革命背景，以减租减息为中心的农民运动也迅速地开展起来，取得了良好的效果。以湖北为例，1926—1927年间，湖北省党部积极响应和贯彻减租减息的政策，开展轰轰烈烈的农民运动。尤其是在大革命后期，在以陈独秀为首的中共中央反对农民土地革命的情况下，湖北省以实际行动，坚决遵循和贯彻正确的土地政策。在湖北省农民协会第一次代表大会上，湖北率先提出解决农民土地问题，提倡发动和组织农民在经济上实行减租。[1]1927年5月，又通过湖北省农协关于农民问题的决议案，决定没收土豪劣绅及反革命分子的土地，保障地主及革命军人的土地所有权，帮助无地贫农得到耕地和农具，以维护工农革命运动。但是大革命失败的结局证明，陈独秀的"右倾投降主义"，反对农民革命和土地改革，反对农民自己起来分配土地，[2]是不会领导中国共产党走出失败境地的，这就为中国共产党土地政策的转变提供了最好的现实性和迫切性要求。

在中央苏区革命根据地时期，中国共产党及时改变土地政策，实行"没收地主土地，分配给农民"的做法，其中既有成

---

[1] 李东朗、雷国珍：《董必武》，河北人民出版社1997年版，第119页。

[2] 《董必武选集》，人民出版社1985年版，第129页。

功的经验,也有过激的做法。"我们是没收地主阶级的土地分配给农民。但犯了若干错误,甚至是严重的错误,红军一走,土地就没有留在农民手上。"① 这里所谓的"严重错误"主要是指一些"左倾"的土地政策主张,如 1927 年土地革命初期,将"没收一切地主阶级的土地"改为"没收一切土地,实行土地国有"的政策;1931—1934 年土地革命后期,王明左倾冒险主义实行的"地主不分田"、"富农分坏田"的土地政策,都给根据地造成严重的恶果。

抗日战争时期,中国共产党提出"停止没收地主土地"的政策,确立了"减租减息"的原则。如毛泽东所说的"实行'耕者有其田'的土地革命,正是孙中山先生曾经提出过的政策,我们今天停止实行这个政策,是为了团结更多的人去反对日本帝国主义,而不是中国不要解决土地问题,关于这种政策改变的客观原因和时间性,我们曾经毫不含糊地说明了自己的观点。"② 土地政策发生了根本的转向:"在地主和农民的关系上,我们的口号和任务是:'减租减息','交租交息'。"③ "至于土地问题的解决,我们认为前人所说'耕者有其田'的主张,是现阶段所必需的,但是,目前还是采取减租减息的政策,等到这个政策实现条件成熟,再采取一定法案步骤,促其实现。"④

解放战争前夕,土地政策由抗战时期的"减租减息"开始转变为"没收地主土地归农民所有",这种变化集中表现在

---

① 《董必武选集》,人民出版社 1985 年版,第 129 页。
② 《毛泽东选集》(第 2 卷),人民出版社 1952 年版,第 357 页。
③ 《董必武选集》,人民出版社 1985 年版,第 109-110 页。
④ 《董必武选集》,人民出版社 1985 年版,第 118 页。

第二章
依法办事：人民司法的基本前提与立法保障

"五四指示"① 中。该指示提出及时改变土地政策，坚决支持农民的土地要求，把群众要求和党的政策结合起来。1947年7-9月，中央工委主持的全国土地会议在河北平山县西柏坡村召开，这次会议要真正解决"这历史上二千年来一直没有解决的问题"②。1946年的"五四指示"还是党内的指示，还是一个过渡期的政策，土地会议的召开则公开打出土地改革的旗帜，"今天的土地会议在过去中国历史上是没有过的。就我们的党来说，过去讨论土地问题也不少，在武汉时讨论过，在中央苏区也讨论过，但那是讨论其他问题时附带讨论。今天，我们是有意识地为了要彻底解决这个问题而召集各解放区的代表来讨论的"，③ 表明了土地问题在解放战争全局中的突出地位和重要性。在这次会议上，中国共产党制定通过了《中国土地法大纲》，规定废除封建性及半封建性的土地剥削制度，实行耕者有其田。此外，土地会议主席团还指定董必武负责组织一个委员会，专门研究土改后农村生产与负担问题。委员会经过认真研究并提出了《土地改革后农村的生产问题》④ 的报告，明确指出土改解放了农村的生产力，并对土改后出现的新问题提出了一些解决对策，要求发动群众，组织起来，促进农村生产力的发展。在土地会议的推动下，各解放区很快掀起土改高潮，使农民在政治、经济上获得解放，从而调动其生产和革命的积

---

① "五四指示"，即1946年5月4日，党中央针对抗战胜利后的形势发展需要所颁布的《关于土地问题的指示》。
② 《董必武选集》，人民出版社1985年版，第129页。
③ 《董必武选集》，人民出版社1985年版，第131-132页。
④ 《董必武选集》，人民出版社1985年版，第134页。

极性。

(三) 重视土地立法，提倡有法可依

为促进土地革命和土改运动的开展，中国共产党在各革命根据地内，先后制定相应的土地法规，使中国共产党的土地政策法律化、条文化。总体来说，新民主主义时期的土地立法是相对粗简笼统的，土地法规的不完备、不具体是共同的特点。无论是中央苏区制定颁布的《井冈山土地法》《兴国土地法》《中华苏维埃共和国土地法》还是抗日战争时期的《陕甘宁边区土地条例》《陕甘宁边区土地租佃条例草案》《陕甘宁边区地权条例》，以及解放战争时期的"五四指示"、《中国土地法大纲》等政策法规，多为宣言性、抽象性的规定，对土地权利主体的权利义务规定不是很多，部分土地法规是典型的土地行动纲领，是土地政策的单纯转化，严格地讲并非法律，不符合法律权利义务的基本要件。[5] 所以，即使有了正确的土地政策路线，依然会出现过左或过右的错误，正如1956年9月中共八大会议上所总结的那样："在过去国内革命战争的各个时期，各个革命根据地在党的统一领导下，制定了许多代表人民意志和符合革命利益的政策法令。尽管它们在形式上较为简单，而且不可避免地带有地方性，但是它们有力地保障和促进了革命事业的发展。"[6] 有鉴于此，共产党人非常重视法律的规范作用，早在1948年华北人民政府时期，法制建设就提到了十

---

[5] 如1947年的《中国土地法大纲》，将党的意志借助法律形式，借助强制性规范表现出来，将土改政策用法律形式表现出来，但大纲十六条的内容都是原则性、政策性的，作为法律三个要素的组成部分是看不到的。

[6] 《董必武选集》，人民出版社1985年版，第406页。

分重要的位置。而在新中国成立初期,依然存在重政策而轻法律的观念,中共八大上则提倡要"有法可依",要在条件许可的情况下,制定出需要的法律。在废除旧的《六法全书》之后,要逐步完备新的法制,要制定刑法、民法、诉讼法、劳动法、土地使用法等一系列急需的基本法律,要尽快把国家尚不完备的几种重要的法规制定出来。

此外,为了加强立法,实现有法可依,共产党法律人建议新中国立法的具体步骤,即"组织各方面的力量,限期写出草案,经中央审核后提请国家立法机关审议制定,草案在提交立法机关之前,还要把它交各级国家机关和人民团体讨论,提供修改意见;草案修正后再提请立法机关审议制定",充分体现了反对法律虚无主义,依法办事的治国理念。此后《婚姻法》《惩治反革命条例》《土地改革法》《宪法》《选举法》及其他各项重要法律相继制定。这些社会主义新型法律的制定和颁布,有利于团结全国各族人民,使其有章可循,有法可依,进而有力地保障了我国社会主义改造和社会主义建设事业的顺利进行。

(四)逐步完善立法,提倡有法必依

1949年10月21日召开的政务院政法委员会第一次会议上,共产党法律人提出必须逐步建立完善各种法律,人民民主法制必须从实际出发,根据政治经济发展的客观要求,逐步地由简而繁地发展和完备起来。

在总结新民主主义时期土地立法经验和教训的基础上,中共开始制定新中国成立后的第一部土地法。1950年3月,发布《中共中央为公布新的土地法征求各地对若干问题意见的电报》，明确提出为准备秋收后在一些省区实行土地改革，拟以中央人民政府的名义公布新的土地法，针对以前土地法大纲存在的一些问题，特征求各地意见，体现了严格谨慎的立法精神。1950年6月《土地改革法》通过，该法规定了土改的基本内容和目的，即"废除地主阶级封建剥削的土地所有制，借以解放农村生产力，发展农业生产，为新中国的工业化开辟道路"，变封建地主土地所有制为农民土地所有制，同时该法授权各省政府依据土改法所规定的原则制定符合本地区情况的补充办法，以适应各地的不同情况，如《华东土地改革实施办法的规定》《中南军政委员会关于土地改革法实施办法的若干规定》等，还有依据该法制定的适用于全国范围内的土改的单行条例，如《城市郊区土地政策条例》《土地改革中对华侨土地财产的处理办法》等，也构成土地法的组成部分。从土地改革法的内容和配套法规来看，较之新中国成立前的土地立法有了明显的进步和改善，具备了更多的可行性和实用性。1950年6月—1952年底，土地改革运动拉开序幕，经过三年的时间，在全国范围内彻底废除了封建土地制度。

革命战争年代，中国共产党主要依靠制定各项政策来指导根据地的工作，土地革命和土改运动的开展主要依靠土地政策来推行，而土地政策是纲领性的文件，多为原则、抽象的规定，尤其是新民主主义时期的土地政策经常变动，给实际的执行工作带来不便。新中国成立后，由依靠政策转向为依法办事，逐步建立健全了土地法规，由依靠政策指导转向为制定比较完备的法律，是一个很大的进步，1950年《土地改革法》的制定和颁布就是重要的标志。土地政策是为解决土地问题而提出的

第二章
依法办事：人民司法的基本前提与立法保障

方案对策，土地法是为实施土地政策所制定的法律。土地政策是土地立法的主要依据，其贯彻落实要依据土地法的规定来具体实施。而土地政策具有宏观性，因执行者的理解不同而容易发生偏差，政策的实施经常会出现不确定性，再好的政策在实施中也可能会走样。所以，应该加强土地立法，明确规定主体的权利和义务关系，运用法律手段从微观上规范人们的行为，减少工作的失误，能够转化为法律的土地政策应该尽快制定为法律，并要有切实可行的配套实施条例，使党的政策所体现的民意能真正落实。

共产党法律人在长期的革命斗争实践中，始终关注农民权益和土地改革问题。然而，土地改革并不是一帆风顺的，有过各种思想斗争。在土改初期，曾有人认为"中国没有什么很大的地主"，不存在土地问题。土改开始后，又有人担心过火或过左，也有幻想不经发动群众，要地主把土地拿出来给农民，和平地消灭封建土地制度。事实是土改依靠发动农民群众，在全国范围内取得胜利。在土改的伟大运动中，我们体会到为了群众、依靠群众、走群众路线的真理。[①] 因此，土地立法应当始终坚持立法民主，提倡贯彻群众路线，在法律中反映人民的意见，体现人民的意志。同时，在制定法律时，可以学习借鉴外国的有关经验，但要结合中国的实际情况，不可照搬。从中国共产党的土地政策发展演变的历程及实施效果来看，对待农民的态度如何，对待解决农民土地问题的政策如何，直接关系到革命事业的兴衰成败，这已经为民主革命时期的历史所证明。

---

① 《董必武选集》，人民出版社1985年版，第371页。

人民司法：
司法文明建设的历史实践（1931—1959）

即使在社会主义革命和建设时期，如果对它处理失当，也会对农民和农业生产造成很大的影响。我国现有的土地法律是以《土地管理法》为中心，包括《土地管理法》及其实施条例、《城市房地产管理法》《农村土地承包法》《农村土地承包经营权流转管理办法》《城镇国有土地使用权出让和转让暂行条例》《确定土地所有权和使用权的若干规定》等内容的体系，侧重从土地行政法的角度来管理和使用土地，强调国家土地所有者和管理者的身份，相对忽视了土地民事法的地位和作用，弱化了各类土地使用者的权益，尤其是广大农民的土地权益，应该大力加强有关土地权利流转和使用的立法，如民法典、物权法、土地使用法等，改变传统的"重土地权属、轻土地使用"的立法理念，构建和谐社会的土地法律体系。

　　早期共产党法律人关于党的土地政策和土地立法的言论和实践活动，反映出灵活而实用的土地法律思想，提倡根据时势的变化，及时调整党的土地政策，制定相应的土地法规，指导农村的土地改革运动。共产党人不仅重视土地法规的制定，更注意调动农民的积极性，重视法律的实施，充分考虑到法律实施的民意基础，这些思想至今仍有深远的指导意义。

第三章　司法文明：人民司法的基本内涵和体系框架

以董必武为代表的共产党人把马克思主义国家与法的基本理论与中国社会主义法制和司法发展的伟大实践密切结合起来，创造性地提出与阐发了具有鲜明中国特色的社会主义法制与司法学说。这一学说不仅构成了毛泽东思想的重要组成部分，而且丰富和发展了马克思主义的法律与司法思想，奠定了新中国社会主义法制与司法建设的理论基础。共产党法律人"执著追求法治理想，以实现社会结构公正为先；全面构建社会主义法治秩序，以形式正义为据；总体推进社会主义法治建设，以有法必依为重；树立社会主义法制权威，以治权为要。"[①] 他们的法制思想非常丰富，涵盖立法、司法、守法、法学研究、培养法律人才等诸多方面，其中人民司法观是其法制思想的重要组成部分。在以董必武为代表的共产党法律人的人民司法观中，政治性和人民性是其基本内涵，又通过人民主权和民主专

[①] 《董必武法学思想研究文集》（第一辑），人民法院出版社2001年版，第212页。

政、程序正义和法律权威等司法文明的基本理念进行填充，进一步构建了人民司法观的体系框架，为我们进一步理解人民司法观提供了具体的线索与方向。①

一、人民主权：人民司法观的理论主旨

（一）人民专政：司法的政治性

从西方启蒙时期开始，经过洛克和卢梭等人的系统阐释，人民主权的理念就得到了广泛的传播。而马克思主义经典作家如列宁也对人民主权问题作过深刻的论述。新中国成立后中国共产党人就提出了建立民主政府的设想。"民主"，顾名思义就是人民当家做主，即人民主权，这是民主的精神内核。以董必武为代表的早期共产党法律人对此早有深刻的认识。早在1940年8月在陕甘宁边区中共县委书记联席会议上，董必武所作的《更好地领导政府工作》的讲话就明确指出政府的"权源出于群众"。②此后，共产党法律人曾多次指出人民代表大会制度是中国的基本制度，主要原因在于："一、我们国家有很多制度，如婚姻制度，税收制度，司法制度，军制，学制等等，但这些制度都只能表示我们政治生活的一面，只有人民代表会议或人民代表大会制度才能代表我们政治生活的全面，才能表示我们政治力量的源泉……。二、我国人民代表会议或人民代表大会是人民革命直接创造出来的。不是依靠从前任何法律规定而产生的。人民代表会议或人民代表大会一经宣告成立，

---

① 夏锦文：《董必武人民司法思想的理论体系》，载《江苏社会科学》2006年第6期。

② 《董必武政治法律文集》，法律出版社1986年版，第3页。

第三章
司法文明：人民司法的基本内涵和体系框架

它就可以相应地制订各种制度和法律，而其他任何制度则必须经过人民代表会议或人民代表大会批准，或由它所授权的机关批准，才能有效"。① 或者说，政府的产生就必须反映广大人民群众的"公意"，任何民主政府都应由人民普选产生，这是民主的应有也是首要之义。他强调共产党领导的政权是人民的政权，人民政府应该"保障人民有民主权利，有集会、结社、言论、出版、信仰等自由"；"保障人民的人权和财权"；"保障人民有选举权和被选举权"。人民应当享有广泛的权利，人民政府应以保障民众的人权为旨意。这种思想无论在当时还是在现在，都具有强烈的现实意义。在董必武及其他老一辈革命家的倡导下，1954年宪法就已明确规定："中华人民共和国的一切权力都属于人民"，即主权在民。共产党法律人站在唯物辩证法的立场上，在肯定党的领导对我国人民民主法制建设的积极作用的同时，英明地指出党和国家政权机关的正确关系应是："一、对政权机关的性质和方向应给予确定的指示；二、通过政权机关及其工作部门实施党的政策，并对它们的活动实施监督；三、挑选和提拔忠诚而有能力的干部到政权机关中去工作。"② 但是，共产党人的人民主权思想与资产阶级思想家的人民主权论有着本质的区别。资产阶级思想家主张国家权力属于全体公民，掩盖政权的阶级性；董必武则毫不掩饰政权的阶级性。1948年10月，董必武在人民政权研究会上所作的《论新民主主义政权问题》的重要讲话中明确指出："政权是一部

---

① 《董必武政治法律文集》，法律出版社1986年版，第181页。
② 《董必武选集》，人民出版社1985年版，第309页。

人民司法：
司法文明建设的历史实践（1931—1959）

分人代表着特定的阶级，运用国家的权力，发号施令，叫人民做什么事情，或者禁止人民不得做什么事情"。①并由此指出，我们的政权是无产阶级领导的，以工农联盟为基础的，包括民族资产阶级和广大民主爱国人士共同组成的人民政权，中国共产党应谋求政权的广泛性和人民性。

在"政权属于人民"的思想的指引下，共产党人十分详尽地论述了人民司法观。新中国成立初期起临时宪法作用的《共同纲领》第17条规定：要"废除国民党反动政府一切压迫人民的法律、法令和司法制度，制定保护人民的法律、法令建立人民司法制度"。这是中国共产党首次提出了"人民司法"的概念，即新中国的法制是人民司法，是保护广大人民的法制，不同于历史上任何剥削阶级的法律。但在当时有许多人一时难以正确认识甚至误解"人民司法"的真实含义。革命法学家又适时地指出："人民司法的基本精神，是要把马恩列斯的观点和毛泽东思想贯彻到司法工作中去"，"人民司法基本观点之一是群众观点，与群众联系，为人民服务，保障社会秩序，维护人民的正当利益"。②

在司法文明发展的进程中，作为一种解决社会冲突与纠纷的重要机制，司法从来都不是价值中立的，也绝不超然于社会利益矛盾斗争的漩涡之外，而是反映特定社会阶级或利益集团的政治需要，具有鲜明政治倾向或政治性品格，进而成为社会政治斗争的重要工具。对此，共产党法律人有着十分深刻的

---

① 《董必武选集》，人民出版社1985年版，第212页。
② 《董必武政治法律文集》，法律出版社1986年版，第45页。

第三章
司法文明：人民司法的基本内涵和体系框架

认识和把握。随着人民大革命在全国范围内的胜利及新生的人民民主的国家政权的诞生，如何确立人民民主政权司法的法律依据，必然涉及如何对待旧法制及其施行效力问题。1949年3月31日，时任华北人民政府主席的董必武正式签署了华北人民政府训令，明确宣布："废除国民党的六法全书及其一切反动法律，各级人民政府的司法审判，不得再援引其条文。"其所以如此，主要在于国民党的法律与人民的法律是根本对立的，前者是为了维护封建地方买办和官僚资产阶级的统治，而后者则是为了实现人民大众的统治。只有彻底地全部废除国民党的法律，新的人民的法律才能顺利成长。共产党人始终认为，法制和国家是紧密联系的，没有法制就不能成为一个现代国家，并且国家的本质决定法制的本质。1957年3月全国军事检察院检察长、军事法院院长会议也指出："什么叫做法制？……我们望文思义，国家的法律和制度，就是法制。""法制有什么作用？没有它行不行？……'不以规矩，不能成方圆。'这个道理对不对？我看很有道理。……简单地说，国家没有法制，就不能成为一个国家。"① 但是，国民党的法律是为了保护封建地主、买办、官僚资产阶级的统治与镇压广大人民的反抗的法律；人民的法律，则是为了保护人民大众的统治与镇压封建地主、买办、官僚资产阶级的反抗。因此，"旧的必须彻底粉碎，新的才能顺利成长。"② "建立新的政权，自然要创建新的法律、法令、规章、制度。我们把旧的打碎了，一定要

---

① 《董必武选集》，人民出版社1985年版，第450-451页。
② 《董必武政治法律文集》，法律出版社1986年版，第46页。

建立新的。否则就是无政府主义。"① 所以，工人阶级领导的国家必须建立健全自己的法制，才能有效地发挥国家的职能和保障人民的民主权利。新中国建立之初，中共在废除旧法制的同时，就及时地把人民的意志用法律的形式表现出来，尽快创建了新的法律。1956年9月中共八大召开，中央更是进一步强调人民民主法制的意义："我们的人民民主法制，是工人阶级领导的人民群众通过国家机关表现出来的自己的意志，是我们国家实现人民民主专政的重要工具。"②

司法的政治性不仅取决于司法活动所依据的法律的性质，还表现在司法工作的具体方向与任务。尽管不同国家的司法活动发展的方向和工作职能有所差异，但司法机关的工作方向与基本任务，从本质上都反映了掌握国家政权的统治阶级的政治要求，并且是统治阶级的政治愿望和政治主张在司法活动中的具体落实。作为马克思主义法学家，共产党法律人清醒地意识到把握司法工作正确的政治方向的重要性。1950年7月26日第一届全国司法会议突出地强调了司法工作对于建立人民民主专政的国家政权的重要意义："我们是取得革命胜利的国家，是人民民主专政的国家，人民民主专政的最锐利的武器，如果说司法工作不是第一位的话，也是第二位。当我们跟反革命作武装斗争的时候，当然武装是第一位，在革命胜利的初期，武装也还有很大的重要性。可是社会一经脱离了战争的影响，那么，司法工作和公安工作，就成为人民国家手中对付反革命，

---

① 《董必武选集》，人民出版社1985年版，第218页。
② 《董必武法学文集》，法律出版社2001年版，第340页。

第三章
司法文明：人民司法的基本内涵和体系框架

维持社会秩序最重要的工具。而有些同志忽视司法工作在国家工作中的重要性，显然是很不应该的。"人民司法工作"是人民民主专政的工作，是维持人民内部生活秩序、保障人民权益的工作，国内战争结束后对残余敌人不能单靠武装斗争，而要靠公安与司法部门的工作，没有它不能完成专政的任务。"当然，从司法活动的职能特性上看，司法的任务在于定纷止争，化解矛盾。但是，在一定社会历史条件下，司法的解纷功能从来都不是抽象的，也不是孤立自在的，而是与维护一定社会的政治统治秩序密切联系在一起的，是一定社会统治关系的职能表现。正因为如此，共产党法律人在谈论新中国人民司法的性质时，都把司法工作视为人民民主专政的重要工具。

(二) 人民民主：司法的人民性

人民民主专政的前提，是要正确认识到何谓人民民主。许多早期共产党人的民主论是自中山先生三民主义的认识开始的。他们认为三民主义是孙中山先生创造的，但有许多矛盾的地方，有些论点是保守的、武断的，例如以宗族为民族、权与能的划分等。但是仍对孙中山在《中国国民党第一次全国代表大会宣言》中规定的新三民主义极为称赞，因为民族主义与马克思主义者对民族的问题的主张原则上是相同的。民权主义如果真能"为一般平民所共有，马克思主义者亦当拥护；所说的民生主义如果真能在落后的中国实现，也可以推动中国经济前进。这当然也是争取民主革命胜利，特别是争取抗日战争胜利所需要的。"[①]1951年9月11日政法系统干部大会再一次郑

---

① 《董必武选集》，人民出版社1985年版，第31页。

重提出政法机关的工作方向问题。"有不少的人,特别是在中下级干部中间,对政法工作究竟如何做法,摸不着方向。政法工作有没有方向呢?我们说有,就是直接来巩固人民民主专政。这样又会有人说,这个方向太大了,还有具体一点的方向我们摸不到。摸到当然也有困难,但是要摸。"后来,共产党法律人特别对政法工作的具体含义进行了定义:"政法工作是什么?政法工作就是直接的、明显的巩固与发展人民民主专政。换句话说,就是教育群众、发动群众、组织群众,为巩固与发展人民民主政权而斗争"。只有人民民主政权,才能保障人民依法享有各种政治、经济、文化权利,"在我们人民民主国家中,任何不重视人民民主权利、违反人民民主制度的现象都是不能容许的。"①坚持社会主义制度,必须发展人民民主,加强人民民主法制。同样,司法工作就是要为巩固人民民主专政服务,要成为人民民主专政的不可或缺的重要工具。"比如说我们的人民法庭在镇压反革命运动中,把危害人民、罪大恶极的反革命分子,基本上肃清了;土改差不多即将全部完成,为新中国的建设扫清了道路,人民法庭也起了很大的配合作用。'三反''五反'当中人民法庭也起了很大的作用。"作为人民民主专政重要工具的人民法院,为巩固与发展人民民主政权,就应当通过审判活动方式,教育和组织群众,而不是单纯地审理案件。人民法院必须对两类矛盾严格加以区别。以董必武为首的最高法院在 1957 年 7 月撰文详细分析了人民法院审判工作的具体工作法:"第一,人民内部矛盾是大量存在着的,但

---

① 《董必武政治法律文集》,法律出版社 1986 年版,第 368 页。

第三章
司法文明：人民司法的基本内涵和体系框架

并不是所有的人民内部矛盾都要到法院来解决，只是某些矛盾不可开交的时候才到法院解决。第二，要防止把人民内部问题当作敌我矛盾去处理，或者误用惩办的手段来处理非犯罪的事件；也要防止把人民内部犯罪案件当作是单纯的人民内部是非问题，片面强调教育而不依法严肃处理。第三，对人民内部的犯罪案件要依法正确审判，切实分析案情，认清事件是否构成犯罪，应否处刑。行为错误而不违法，或违法而非犯罪的，不能用司法手续处理；行为虽构成犯罪，但就当时和事前事后的情况全面考量，可以不予追诉刑事责任的，也不应用司法手续处理；犯罪轻微的，可以不用司法手续处理。第四，在人民内部矛盾大量存在的情况下，人民法院审判民事案件的重要意义也就日益显著。这不仅因为民事案件的数量很大，而且法院所处理的民事纠纷是人民内部是非问题，这涉及法律上的权利义务问题，因而它所用的处理方法是通过审理依法确定当事人的权利义务，并用一定的强制手段来保护权利，强制履行义务。第五，大量的民事案件都同人民群众切身利益相关。这类民事纠纷是在根本利益一致的基础上发生的，不是不可调和的矛盾，所以应该以加强内部团结、有利生产为目的，根据政策和法律，尽可能运用调解、说服、批评教育的方法来解决，并且加强思想政治教育，倡导新社会的道德风尚，进而促进矛盾纠纷的根本解决。第六，人民法院受理民事案件后，应该视案件的具体情况，适当进行调解；必须判决的，应该认清纠纷所反映的矛盾，依法判决。"总之，在社会大变动的时代，在人民内部矛盾突出的情况下，"犯罪和纠纷的情况错综变化，稍不经心，就会为某些表面现象所迷惑，而不能正确判断犯罪和纠纷的性

人民司法：
司法文明建设的历史实践（1931—1959）

质。"因此，"人民法院处理人民犯罪和纠纷的范围极为广泛，与人民的关系也至为密切，必须彻底克服不关心人民利益的官僚主义和脱离实际的主观主义，切实依法办事，实现正确审判的要求。"至于检察机关，新中国的司法实践表明，"国家与人民需要检察机关来维护人民民主的法制。检察机关只有国家与人民需要它的时候，它才能存在与发展"。随着有计划的经济建设全面展开，与以往那种搞运动的情况不同，更加需要全国人民和国家工作人员严格遵守法纪。在这一新的形势下，检察机关的职责就是保障国家法律的执行。"[①] 司法的政治性与司法的人民性密切相关，这是中国特色社会主义司法文明的本质性特征之一。

在逐渐完备起来的人民民主制度和人民民主法制之下，人民的民主权利应该受到充分的保护。由于过去处在紧张的战争和大规模的社会改造运动中，由于法律还很不完备，司法制度和检察制度还不健全，有些公安、司法机关还有粗枝大叶、组织不纯甚至使用肉刑的现象，以致一些人被错捕、错押或错判，人民的民主权利受到侵犯。为克服这种现象，今后必须从立法方面，从健全人民司法、公安和检察制度方面，对人民的民主权利给予充分的保护。[②] 1949年的《共同纲领》第17条曾经提出建立"人民司法制度"的要求，即"废除国民党反动政府一切压迫人民的法律、法令和司法制度，制定保护人民的法律、法令，建立人民司法制度"。在新中国的人民司法制度发展过

---

① 《董必武选集》，人民出版社1985年版，第472页。
② 《董必武政治法律文集》，法律出版社1986年版，第310页。

第三章
司法文明：人民司法的基本内涵和体系框架

程中，共产党法律人较早地提出并系统论证了司法的人民性问题。1950年7月召开的第一届全国司法会议就明确地提出了"人民司法"的概念，强调要建立人民司法制度，培养人民司法干部，加强人民司法的思想建设，并且特别指出要对建设人民司法工作上的若干基本问题的认识"求得一致"。① 这次会议全面阐发了关于人民司法工作的基本认识问题。召开第一届全国司法会议，"其目的就是要解决关于人民司法工作的基本认识问题。如果不能解决这一基本问题而去解决一些枝节问题，那将失去这次会议的意义"。如果这个问题不能得到很好的解决，其他问题的解决也不能彻底。"尽管目前人们对什么叫人民司法的问题议论很多，但是，在相当多的一部分司法工作人员中并没有弄清楚这个问题，甚至我们党内的一些同志也未能做到这一点。"那么，什么是人民司法？按照当时共产党人的看法，"人民司法的基本精神，是要把马、恩、列、斯的观点和毛泽东思想贯彻到司法工作中去"；"人民司法基本观点之一是群众观点，与群众联系，为人民服务，保障社会秩序，维护人民的正当权益"。人民司法工作之所以伟大，就在于它是人民民主专政的工具，是维持人民内部生活秩序、保障人民权益的工作。在与民主制度密切相关的政权建设问题上，共产党人认为"政权是一部分人代表着特定的阶级，运用国家的权力，发号施令，新民主主义政权是无产阶级领导的，实行人民民主专政的政权，而旧民主主义政权是资产阶级的政权，在资产阶级统治下的民主范围实际上是很小的，始终是剥削无产阶级的，所

---

① 《董必武法学文集》，法律出版社2001年版，第38-42页。

人民司法：
司法文明建设的历史实践（1931—1959）

以必须反对在中国建立资产阶级政权，而应当建立人民民主专政的新民主主义国家。"① 因此，司法的人民性是新中国的社会主义司法制度的本质内涵。抓住了这一点，就把握了中国社会主义司法的最一般的基本问题。

从国家制度上看，司法的人民性表现为司法最深厚的渊源即来自人民的力量，司法制度由人民代表大会制度所派生、所决定。在当代中国，人民代表大会制度是国家的基本制度，是集中人民群众的意志和力量管理国家事务的政权组织形式，是国家政治生活的力量源泉。对此，包括司法制度在内的许多制度，只能表示我国政治生活的某一个方面，而只有人民代表大会制度才能代表我国政治生活的全部，才能表示我们政治力量的源泉。人民代表大会制度是由人民革命直接创造出来的，人民代表大会一经宣告成立，它就可以相应地制定各种制度和法律，而包括司法制度在内的其他任何制度则必须经过人民代表大会批准，或由它所授权的机关批准，才能生效。总之，人民代表大会制度是我国的基本制度。既然如此，司法机关就必须对人民代表大会负责，向人民代表大会报告工作，并且司法机关的一切活动都必须置于人民代表大会的监督之下。② 新中国成立初期，各级人民代表大会听取和审议人民法院工作报告，和人大代表对法院工作的监督以及所提出的批评和建议等做法得到了中央的高度肯定。中央认为这些批评和建议对于改进和提高法院工作"有很大的好处"。与此同时，这方面也存在不足，有些地方的包括司法机关在内的少数国

---

① 《董必武选集》，人民出版社1985年版，第26、212页。
② 《董必武选集》，人民出版社1985年版，第298页。

第三章
司法文明：人民司法的基本内涵和体系框架

家机关工作人员不能正确对待人民群众的批评意见，"他们不了解人民代表不仅有权对一切重大问题作出决定，并且有权批评和监督国家机关的工作和任何国家机关的工作人员"。因此，包括司法机关在内的国家机关工作人员只有虚心接受人民群众批评和监督的义务，而决没有拒绝和抵抗这些批评和监督的权利。

从司法的基本属性看，司法的人民性要求必须重视司法队伍的思想建设，划清新旧法律的界限，并且在司法活动中得到切实的贯彻落实。新中国成立之初，人民司法发展面临的一个突出问题，即是如何彻底肃清旧法观点的影响，以便确保司法的人民性的发展方向。为了解决这一问题，就必须首先对仍然留在人民司法机构中的那些熟读"六法全书"的旧司法工作人员加强思想改造。1950年1月成立的中国新法学研究院的主要任务，就是要改造过去旧的司法工作人员、律师以及在学校教授法律的教员。革命法学家认为，"过去不管是司法工作人员、律师或是法学教授，他们所学的和所做的，都不能不受旧的国家和法律的局限。他们有适应旧社会生活的一套思想方法和工作方法，他们的观点、立场，他们的经验、习惯，他们的工作作风，在旧的国家里从事司法工作或做律师、法学教授等，可以站得住脚。可是现在旧中国已死亡，新中国已诞生的时候，社会生活各方面已经改变或正在改变着。国家本质改变了，法律也改变了，司法工作人员、律师和法学教授不改变怎能站得住脚呢？所以旧的司法工作人员、律师和法学教授要继续担负起原来所担负的工作，就必须要经过改造。"[①]1950年7—8

---

① 《董必武选集》，人民出版社1985年版，第355页。

月间召开的第一届全国司法会议,把加强人民司法的思想建设列入重要议程。而要加强人民司法的思想建设,就必须进一步肃清旧法思想的影响。所以,第一届全国司法会议之后的一项重要工作,便是清理旧司法工作人员思想上的旧法观点。1951年7月召开第二届全国司法会议筹备会时,就认为第二届全国司法会议应当继续集中力量解决司法工作中思想建设和组织建设方面的若干重要问题,其中之一便是"检查第一次全国司法会议后肃清六法全书观点的情况。如果一年来六法全书的观点尚未受到致命的打击,会议必须研究今后如何才能打击到它的要害"。从1952年6月开始,司法改革从华东地区首先开始,随后陆续在中南、华北、东北、西北、西南等地区相继展开,并且首先从省法院、省法院分院、城市法院着手开始。到1953年2月,司法改革运动便在全国范围内基本结束(除广东、新疆及其他一些少数民族地区以外)。在司法改革运动的准备与组织实施过程中,共产党法律人深刻论述了加强司法部门的思想改造、整顿司法机关的必要性与重要性。在1953年4月11日的第二届全国司法会议上,中央认为"在司法改革运动中,把政治上的不纯基本上解决了,组织上的不纯也基本上解决了。至于思想不纯呢? 旧法观点虽然没有完全、彻底地肃清",但是,"至少是浮在表面上的东西都批判了。就思想上说,这次司法改革运动是自上而下地从中央司法机关到各地方司法机关对政务院的指示进行了一次比较深刻的学习,划清了敌我界限和新旧法律观点的界限"。根据当时的会议总结,新中国成立三年以来司法工作的经验尤其是司法改革运动的经验就是:"确认人民司法是巩固人民民主专政的一种武器;人民司法工作者必须站

第三章
司法文明：人民司法的基本内涵和体系框架

稳人民的立场，全心全意地运用人民司法这个武器；尽可能采取最便利于人民的方法解决人民所要求我们解决的问题。一切这样办了的，人民就拥护我们，不然人民就反对我们。这个经验各地方都差不多，司法改革运动完全证明了这一点。"这三条经验集中体现了司法的人民性的本质要求，反映了中国社会主义司法制度的内在属性，也指明了新中国司法发展的基本方向。

在组织推动司法改革运动的过程中，共产党法律人批判了旧司法人员漠视人民群众利益的行为，指出一些旧司法人员严重脱离群众，只会"坐堂问案"，写些冗长陈腐的"判决"，而对人民群众的利益和党与人民政府的政策则根本不关心，相反还到处散布旧法观点，起着很不好的影响。因此，必须通过司法改革运动切实加以改变。并且，司法改革运动亦表明，"哪个地方的司法机关中有组织不纯、政治不纯和思想不纯的现象存在，那里就必然表现出不是失掉人民立场就是没有采取最便利于人民的方法解决人民所要求解决的问题，那时人民就责备我们，反对我们，说我们的人民法院不是'共产党领导的法院，而是国民党的法院'。即使我们的立场站得稳，但工作方法不好，不注意方便群众，造成案件拖拉积压，人民还是要反对我们，还会说：'在国民党当政时打官司要钱多，在共产党掌权时打官司要寿长'。反之，如果我们在司法机关中纠正了思想上的错误，清除了组织上的不纯，改变了坏作风，实行了方便群众诉讼的方法，改正了错判的案件，人民就会说：'这是从来没有的事，只有毛主席领导下才有这样的法院'；'这才是真正的人民法院'。"于此，共产党法律人开始主张要研究怎样建立便于人民的审判制度。因为"在司法改革运动中证实了过去我们主张的陪审制、巡回审判制以及在法院设问事处、接待室（好像医院的门诊部）等，都是人民所欢迎的。当然，各地方法院在司法改革后或司法改革中对于这些工作都取得了许多新的宝贵的经验，比我们以前所说的那样有了很丰富的内容。关于调解委员会，这也不是一个新问题，这次司法改革运动中间，在许多地方试行有效；但是过去我们在这个工作当中也还发觉到它的消极的一方面。希望各位同志能够细心研究，把大家公认为可行的制度肯定下来，予以巩固和推广；把尚无把握的事项，谨慎地选择重点试行。"很显然，当时已经将维护人民群众正当的合法权益、便利人民群众参与诉讼，作为人民司法工作的基本出发点，大力倡导人民陪审制、巡回审判，强调要建立法院接待机构、简化审判手续，加强调解工作，并且提出了建立司法便民机制的一个重要原则，即在方便人民群众诉讼、简化诉讼程序的总的前提条件下，区别乡村与城市的不同司法状况，实行因地制宜，分类指导。这无疑有着重要的现实意义。

通过研读共产党法律人的相关政治法律文献，我们认为新中国初期人民司法观主要包括以下内容：第一，建立人民司法的前提是思想建设。法律制度本身并没有什么阶级性，谁制定的法律制度，就维护谁的利益，因此"司法工作在初建之际，思想建设特别重要，必须把它视为司法工作建设的前提"。"旧法制是旧中国占统治地位的少数人压榨广大劳动人民的一套很精巧的机器，必须破除"，建立新的法律系统，对旧的法律系统就要给一个打击，也就是要对旧的做系统的批判。这是一个思想改造的工作。在建立人民司法之前必须进行文化观念的更新，使我们的政法工作坚持"直接来巩固人民民主专政"的方向，

第三章
司法文明：人民司法的基本内涵和体系框架

使人民享有真正的民主和自由。第二，人民司法必须以保障人民的民主权利为中心。"在逐步完备起来的人民民主制度和人民民主法制之下，人民的民主权利应该受到充分的保护。由于过去处在紧张的战争和大规模的社会改革运动中，由于法律还很不完备，司法制度特别是检察制度还不健全，有些公安、司法机关还有粗枝大叶、组织不纯甚至使用肉刑的现象，以致有一些人错捕、错押或错判，人民的民主权利受到侵犯。为克服这种现象，今后必须从立法方面，从健全人民司法、公安和检察制度方面，对人民的民主权利给予充分保护。"共产党法律人还特别批评了不少部门和地方存在的违法乱纪和侵犯人民群众民主权利的现象以及脱离人民群众的强迫命令的作风，并一再要求与这些不良现象作坚决的斗争。第三，人民司法必须以为人民服务为宗旨，便利人民群众。新中国的人民民主法制是表现人民意志的和为人民服务的法制。因此"人民司法工作者必须站稳人民的立场，全心全意地来运用人民司法这个武器"。"实践以什么为标准？就是一切以广大人民的利益为标准，也就是一切以广大人民的最高利益为最高利益"。"单是这样是不是就够了呢？不够！还一定要采取最便利人民的方法解决人民要求解决的问题。"并以"便利人民"为指导思想组织和领导法院组织法与检察院组织法的编制工作。最高法院在贯彻执行这两个组织法时格外强调："这两个组织法的基本精神都是便利人民。"因此，评判司法工作的标准就是"看我们的审判工作是不是便利于老百姓，是不是有利于巩固人民民主专政，是不是对建设社会主义起保障和促进作用。"因此他要求法院应简化自己的办事手续，尽量从"便利于人民着想，尽量使手续简化,在农村和大城市不要强求一样。"马克思主义的创始人限于当时所处的历史环境,仅对法的本质、特征、作用和发展规律等一般理论作了全面而科学的论述,侧重于对资产阶级虚伪的法制基础进行批判,而较少对社会主义法制理论作正面的阐述,新中国初期共产党法律人的人民司法观是对马克思主义法制理论的继承和发展,极大地丰富了马克思主义和毛泽东思想中的法学内容,也奠定了依法治国的理论基础。

二、程序正义:人民司法观的制度根本

程序正义论是人民司法观的理论核心,对司法活动程序的规范有着重要的影响。虽然在当今社会,法律活动追求的应不止于形式正义,而应包括实质正义。但从某种意义上说,法治首先体现为形式正义。可以说,对形式正义的肯定与追求是现代法治理论成熟的标志,法治发展史在很大程度上首先是法律形式化的历史。早期共产党法律人也对形式正义十分看重,以人民司法为核心构建的程序正义思想及制度,成为人民司法坚持人民性和政治性以及法律性的根本内容。

(一)形式正义论

在新民主主义政权的建立过程中,共产党人一再强调形式正义的重要性,认为这是符合法治发展的内在规律和人们的认识规律。公正的程序不仅是实现正义的保证,而且它们本身就是现实中的正义。早在1948年华北人民政府成立时,共产党人就清醒地认识到:"现在政府各部门都成立起来了,这个政府是由游击式过渡到正规式的政府。正规的政府,首先要建立一套正规的制度和办法……。有人说这是形式。正规的政府办

第三章
司法文明：人民司法的基本内涵和体系框架

事就要讲一定的形式，不讲形式，光讲良心和记忆，会把事情办坏的。"共产党法律人还从辩证唯物主义的高度指出，"司法活动要具备一定的形式。世界上任何实质的东西，没有不以一定的形式表现出来的。大至山和海，山有山的形式，海有海的形式；小至原子、电子，都有它一定的形式。"① 1949年新中国建立以后，最高法院也多次强调，立法要从实际出发，诉讼要有可操作性，审判要公开。依法办事不仅要严格遵守和执行实体法，而且还必须严格遵守和执行程序法。董必武主政时期的最高法院还特别地区分了形式主义与形式："司法活动要具备一定的形式，世界上任何实质的东西，没有不以一定的形式表现出来的。形式主义和形式是两回事。"② 这里的"形式"，实质就是指程序，即在处理案件中要遵循一定的程序。总之，在早期共产党人的司法理论体系中，司法形式及其公正性占有极其重要的地位。因为"宪法和人民法院组织法所规定的各项制度，其共同的目的是保证案件的正确审判。""审判程序的规定要体现人民法院组织法的各项制度，调节审判过程中的各项活动，以保证判决正确而同时尽可能地迅速。有些法院没有认识程序的意义，把它看作是形式问题而不予重视。这种看法同不重视法院组织法的各项制度一样，必须迅予纠正。"这完全符合法治发展的内在规律。

在共产党法律人的一系列有关司法的论述中，我们可以清晰地厘清法律形式正义论的主要内容。首先，反对特权，

---

① 《董必武文选》，人民出版社1985年版，第452页。
② 《董必武法学文集》，法律出版社2001年版，第382页。

人民司法：
司法文明建设的历史实践（1931—1959）

强调法律面前人人平等。他们经常会引用"王子犯法与庶民同罪"的传统理念来反对特权，说明保护人民平等权的重要性。虽然封建法律也有法律面前人人平等的思想，但总体而言是讲特权的法律，共产党人应当比封建时代法律上的平等更进一步。在陕甘宁边区，共产党人也多次强调："边区政府的权源出于群众，政府负责人是群众代表选举出来的……。政府的权威，不是建筑在群众的畏惧上，而是建筑在群众的信任上。"① 为制约边区一些党员和党组织在法律上的特权思想，还曾严厉地指出："党员如果违反了法律，除受党纪制裁外，应比群众犯法加等治罪。"② 虽然这一思想与现代法治思想不完全符合，但反映了战争年代的特殊需要，也反映了对法律面前人人平等思想的坚定认同。其次，追求程序公正，这是现代法治国家的一个重要特点。因为"工厂有操作规程，我们办案子也有操作规程那就是诉讼程序。按照程序办事，可以使工作进行得更好、更合理、更科学，保证案件办得正确、合法、及时，否则就费事，甚至出差错。"在建国之初新中国人民司法建设的过程中，共产党人极为重视程序法的作用，"当有可能采取比较完备的民主形式，并且国家政治制度已有了明确规定的时候，那种习惯于简单方式处理问题的做法，就完全不合时宜，而且是违法的。"董必武任最高人民法院院长期间，领导草拟了《中华人民共和国刑事诉讼法》（草案）。在这一法律草案的制定过程中，充分体现了当时共产

---

① 《董必武文选》，人民出版社 1985 年版，第 452 页。
② 《董必武文选》，人民出版社 1985 年版，第 59 页。

第三章
司法文明：人民司法的基本内涵和体系框架

党人的程序公正思想：惩罚犯罪必须依照法定程序加以进行，不能只重结果不重过程；律师制度和公证制度是审判工作中保护当事人诉讼权利和认证机关团体和公民法律行为的一种良好制度，都应该予以加速推行；要杜绝不按法定手续拘留和逮捕嫌疑犯的做法，拘留、逮捕后必须及时地通知家属；坚持贯彻实行有反必肃、有错必纠的方针，严禁在执法中搞刑讯逼供。应当指出，在法制资源缺乏、理论研究薄弱的条件下，共产党法律人以犀利的眼光看到了程序公正在司法实践中的重要作用，这种精神确实难能可贵。虽然当时并没有直接提出正当法律程序这个原则，但也还是提出了任何人"非依法律由合法机关依照合法手续不能任意逮捕，并且必须依照法律，以合法程序予以审判和处置"的观点，[①]实质上同正当法律程序原则没有根本区别。以正当法律程序来保障人权，是人权保障的最有效的手段和方式。在一个为了维护社会秩序而强化政治权威、减损民众人权的时代，在一个谋求正义无需通过法律、法律本身也难以进入社会的传统国度里，强调以正当法律程序来实现程序公正，无疑需要莫大的理论勇气。再次，通过严格执法，秉公办案，做到司法公正。"凡属已有明文规定的，必须确切地执行，按照规定办事；尤其是一切司法机关，更应该严格地遵守，不许有任何违反。"[②]新中国成立初期，有些地方对于违法犯罪的人犯，只注意他是否违法犯罪，而不注意严格履行法律手续，例如有些司法

---

① 《董必武政治法律文集》，法律出版社1986年版，第280页。
② 《董必武法学文集》，法律出版社2001年版，第352页。

人员有时没有按照法律规定的手续拘捕人犯,限制被告人行使辩护和上诉的权利。针对这种情况,共产党人表明了坚定的立场:"这些都是严重的违法行为,必须彻底加以肃清。"①同时,还要求树立掌握确凿证据、实事求是的良好审判作风。1953年第二届全国司法工作会议上,最高法院严肃地指出:"司法工作当前的严重问题有两个:就是错捕、错押、刑讯逼供和错判、错杀……,应当说是严重的。"出现这种情况的原因在1956年各省市法院院长会议上被直接视为是,审判作风存在着"先入为主""强迫命令""诱供逼供、变相肉刑、甚至肉刑"等不良作风,而不注重深入实际地调查案情。这不仅影响办案质量,而且破坏了人民群众对法律的信任感。

最后,创设公检法三机关分工负责、互相制约原则。权力制约是法治的要义,是权力正当运行的普遍规律。无论是在理论分析上还是在实践经验上,对法治秩序最有可能构成威胁的往往是具有一定政治地位和握有相当权力的社会主体。因此,近代意义的法治强调法的权威、平等性,其基本要求是:任何人的权力都是来自宪法和法律;任何权力都要受立法和司法的制约;法律的作用既要治民,更要治吏,制约政府。依法监督和制约党和国家机关及其工作人员的行为,是保障权力的行使符合人权保护和社会正义的客观需要,是法治社会法律权威得以树立、民主制度获得法律保障的关键。为了防止司法权运行过程中的不公正行为,"公安机关逮捕人,要经检察院批准,没经批准就逮捕人,是违法的";检察院

---

① 《董必武选集》,人民出版社1985年版,第415页。

本身没有判决权,"如果认为应该判刑,就向法院起诉。判刑或不判刑是法院的职权";法院审判不合法,"检察院可以抗议,公安部门发现法院判错了,可以经过检察院抗议。这叫做分工负责,互相制约"。① 这一原则有助于加强各部门之间的相互监督,保证各部门职权的正常行使,防止或减少工作中的失误或偏差,及时发现和纠正违法现象。②

(二)程序法保障

在当代中国法学与司法研究领域,注重司法的程序价值,突出程序在司法活动中的独立性甚或优先性地位,这似乎已经成为一种普遍共识。然而,在新中国成立之初,由于特定的社会情势所致,司法程序制度建设显得较为薄弱,司法程序的重要性并没有被人们所广泛认同。因而在司法实践中,错捕、错押、错判的"三错"案件以及积案问题,一定时期在一定范围内相当严重,这与轻视或弱化司法程序的规制作用有一定的关联。针对新中国成立之初司法工作中突出存在的错捕、错押、错判的"三错"现象,共产党法律人在组织领导政法机关开展大规模清理和纠正"三错"案件的基础上,着力推进司法程序制度建设。时任最高法院院长的董必武强调,《人民法院组织法》规定的合议制、陪审制度、辩护制、公开审判制度、审判委员会制度等一系列制度和机制,对于有效防止和减少错案,促进司法公正,是一个重要的制度保障;而抓紧完善立法,解决办案的法律依据问题,以及培养数量足够的高素质的司法干部,

---

① 《董必武政治法律文集》,法律出版社1986年版,第458页。
② 夏锦文:《董必武人民司法思想的理论体系》,载《江苏社会科学》2006年第6期。

则是防止错判的两个基本条件。在共产党法律人看来,加强司法程序的制度建设,对于构建中国社会主义司法制度有着十分重要的意义。人民法院的司法审判活动,必须建立在严格的法制基础之上,不仅要依照实体法,而且要遵循程序法,审理案件要有严格的操作规程,按照诉讼程序办事。只有这样,才能保证案件办得正确、合理、及时。在这一指导思想之下,新中国成立之初,中央人民政府法制委员会就着手起草了一个诉讼程序规则草案,甚至在第一届全国司法会议期间(1950年7月26日-8月11日),还专门讨论了《诉讼程序通则》草案。① 由于人们的看法不一致,这项立法工作被延搁下来。这一时期相继制定的《人民法院暂行组织条例》(1951年9月4日)、《中央人民政府最高人民检察署暂行组织条例》(1951年9月4日)、《人民调解委员会暂行组织通则》(1954年3月22日)、《人民法院组织法》(1954年9月28日)和《人民检察院组织法》(1954年9月28日)、《逮捕拘留条例》(1954年12月20日)等等单行法律法规,分别建立了公开审判制度、人民陪审制、两审终审制度、辩护制度、合议制度、死刑复核与核准制度、回避制度、抗诉制度和再审制度、公益诉讼制度、人民调解委员会制度、逮捕和拘留的程序规范等等一系列重要的司法程序

---

① 这个草案确立了三项原则,即废除反动司法机关压迫人民的繁琐、迟缓、形式主义的诉讼程序;实行便利人民、简易迅速、实事求是的诉讼程序;人民法院审理民事案件适用实体法,即在具体审案时,《共同纲领》和人民政府或人民解放军的纲领、法律、法令、条例、命令和决议有规定的,依其规定,无规定的,依新民主主义政策。参见郭成伟主编:《新中国法制建设50年》,江苏人民出版社1999年版,第95页。

第三章
司法文明：人民司法的基本内涵和体系框架

制度，为新中国成立初期的诉讼与司法活动提供了法律准则，促进了新中国的司法程序制度建设。

作为新中国司法制度开创者的共产党法律人，深谙司法程序的价值意义，深深懂得司法程序的制度建设对于构建中国社会主义司法制度的重要性，积极推动新中国的司法程序制度建设。人民法院的司法审判活动，必须建立在严格的法制基础之上，要实行实体法与程序法并重，不仅"包括依实体法，也要依程序法"，这是"法院依法审判的意义"之所在。[①] 审判程序的规定旨在调节审判过程中的各项活动，以保证判决正确而同时又尽可能地迅速。"资产阶级形式主义的那一套，我们是不要了，但也应该有个适合我们需要的规程。工厂有操作规程，我们办案子也有操作规程，那就是诉讼程序。按照程序办事，可以使工作进行得更好、更合理、更科学，保证案件办得正确、合理、及时，否则就费事，甚至出差错。"[②] 因此，一方面，要克服和纠正一些法院忽视程序的意义，把它看作是形式问题而不予重视的倾向。另一方面，要抓紧制定司法诉讼活动的程序法。"关于刑事诉讼和民事诉讼的程序法，在建立人民司法制度上是基本性的法规，非要不可的，我们接受并处理了八九百万件案子，诉讼法就是要解决这个问题的，把做这些工作的经验总结起来，大家认为可行的，再提高一步成为法律，这样做是不是可能呢？完全有可能"。但是，"我们有些必须用法律表现出来的东西还没有用法律表现出来"，刑事诉讼法

---

① 《董必武法学文集》，法律出版社2001年版，第241页。
② 《董必武法学文集》，法律出版社2001年版，第426页。

"还方在起草",民事诉讼法"现在还谈不到"。① 针对这一状况,1955年2月7日,在最高人民法院党组会上,董必武曾明确指出:"我国尚无程序法。程序法要立法机关制定,估计目前还不能实现。为了供给立法机关草拟诉讼程序的一部分资料,首先应当把我们已实行和正在实行的诉讼程序提供出来。现在立法机关如要这种资料,我们最高人民法院和司法部都提不出来。过去法制委员会为着起草刑诉条例,搜集了若干关于这方面的材料,不完全,也没有整理。""我们法院现行的诉讼程序,应为立法机关草拟我国诉讼程序的基础。"由此,最高法院明确提出,要尽快着手组织总结全国各大城市高级法院或中级法院进行诉讼和审判的经验,强调"要打通各级法院负责人的思想,诉讼程序应由国家立法机关制定,在没有制定之前,各级法院自定诉讼程序是很好的,是对工作负责的,并且为国家处理了七百多万件案子,工作有成绩。现在搜集各级法院自定的诉讼程序的资料,不是为着批评,而是为着学习,如能总结一点什么东西出来,对法院审判工作有很大益处。要大家不要怕,不完全也不要紧,有错误也不要紧"。除此之外,还特别强调,"我们要求的资料,是把过去和现在怎样审判案件的程序,如实写出来就好,文字只求通顺。"② 于是,在最高人民法院的大力倡导下,全国各级法院普遍开展了总结诉讼和审判经验的工作。而在总结司法审判经验的基础上所形成的案件审理的程序规则,为新中国司法程序立法的发展起到了重

---

① 《董必武法学文集》,法律出版社2001年版,第206页。
② 《董必武法学文集》,法律出版社2001年版,第241-244页。

第三章
司法文明：人民司法的基本内涵和体系框架

要作用。①

新中国初期的司法实践证明，总结案件审理程序经验、推动司法程序制度建设的做法，不仅对司法审判活动发挥了重要的指导与规范作用，而且为刑事诉讼法草案和民事诉讼法草案的编制工作提供了重要的司法素材，意义重大，影响深远。对此，在1957年3月9日全国人民代表大会上，最高人民法院的工作报告针对1956年法院的工作情况专门指出，"鉴于国家还没有制定出刑事、民事诉讼法，各地人民法院审判案件的程序极不统一，给人民法院和诉讼当事人都带来了很多困难。因此，我们在1955年总结十四个大、中城市人民法院刑事、民事案件审理程序经验的基础上，继续完成了全国各级人民法院刑事、民事案件审判程序的总结，经本院审判委员会审定后，除报你会备案外，发至全国各级人民法院试行。根据各地人民法院对总结的试行情况来看，这个总结虽然还不尽完善，但在审判实践中已经显示出它的作用。首先，使得各级人民法院在国家尚未颁布诉讼法之前有了一个比较切合实际、大体一致的办案程序，从而能够有效地克服目前各地人民法院在审判程序方面存在的一些混乱现象。同时，由于这个总结为贯彻执行人民法院组织法规定的各项审判原则和制度提出了具体的措施，这就给在审判工作中正确贯彻执行人民法院组织法和进一步改进审判工作带来了极大的可能性，并为国家立法机关加速进行刑事、民事诉讼法的起草工作，提供了一个便利的条件。"总体而言，鉴于新中国成立之初诉讼程序立法的薄弱和滞后，最高法院大

---

① 公丕祥：《董必武司法思想述要》，载《法制与社会发展》2006年第1期。

力倡导全国各级法院开展总结诉讼和审判经验的工作。正是在总结司法审判经验基础上形成的《各级人民法院刑事案件审判程序总结》和《各级人民法院民事案件审判程序总结》，不仅改进了司法审判工作，而且推动了新中国诉讼立法的发展。

三、法律权威：人民司法观的基本目标

（一）用法制治理国家

法律权威论是人民司法观的理论目标，虽然法治"只是在恶劣环境中做出最佳选择的尝试"。① 然而，历史和经验证明，法治模式是迄今为止人类治理国家和社会的最好模式。我国历史上虽然也有"法治"思想，但这是在封建皇权之下的"法治"，正所谓"刑不上大夫"。中国共产党在领导人民革命的过程中，突破、摧毁旧法制、旧法统是完全必要的，但这也导致了人们对一切法制轻视、不信任的心理。新中国成立后中国共产党发动的全国范围的群众运动，进一步助长了人们轻视一切法制的心理。新中国成立初期，中国共产党尚缺乏民主与法制建设的经验，并存在热衷于利用组织和号召群众运动来解决问题的习惯，法治模式没有得到广大人民及其领导者所遵循。此时，以董必武为代表的共产党法律人明确提出要用法制来治理国家。

新中国成立后董必武被任命为中央人民政府政务院副总理、政治法律委员会主任，后又担任最高人民法院院长，从事了大量的法制建设实践工作，包括废除旧的法制，建立人民民

---

① ［美］昂格尔：《现代社会中的法律》，吴玉章、周汉华译，译林出版社2001年版，第72页。

第三章
司法文明：人民司法的基本内涵和体系框架

主专政的新司法，整顿改造旧的司法队伍，在中央的领导下不断指导和推动新中国法制建设一步步向前发展。而与此同时，党内广泛存在着不重视法的现象，民主法制环境相当困难。在此背景下，强调依法办事是加强法制，确立法律是至上权威的中心环节。"目前我们党和国家的中心任务……就是要依靠已经获得解放和已经组织起来的几亿劳动人民，团结国内外一切可能团结的力量，充分利用一切对我们有利的条件，尽可能迅速地把我国建设成为一个伟大的社会主义国家。在这样的任务面前，党就必须采取积极措施，健全我们的人民民主法制……。党中央号召公安、检察、法院和一切国家机关，都必须依法办事。我认为依法办事，是我们进一步加强人民民主法制的中心环节。"与此同时，"依法办事有两方面的意义：其一，必须有法可依"；"其二，有法必依。"如果说，"有法可依"是树立社会主义法制权威的前提，那么，"有法必依"就成为树立社会主义法制权威的关键。① "目前我们法律工作方面的问题，一个是法律不完备，一个是有法不遵守。这两者哪一种现象较严重呢？应当说有法不守的现象比较严重"。② 为了树立法律权威，共产党人认为必须严格执法，公正司法。新中国成立初期，受长期战争环境影响，党内一部分人不重视司法工作甚至轻视司法工作的现象比较突出，我党曾在多种场合不断强调重视司法工作的重要性，指出："我们的人民司法工作，是一项伟大艰巨的工作。……说它伟大，因为这是人民民主专政

---

① 《董必武法学文集》，法律出版社2001年版，第351-352页。
② 《董必武选集》，人民出版社1985年版，第452页。

的工作,是维护人民内部生活秩序,保障人民权益的工作。国内战争结束后对残余敌人不能单靠武装斗争,而要靠公安与司法部门的工作,没有它不能完成专政的任务","如果司法工作没有前途,那么国家也就没有前途了。"① 针对新中国成立初期社会上存在着人们不信法、不守法的现象,共产党法律人根据中国历史和现实的客观实际,在具体分析了人们不信法进而不守法这种现象产生的历史根源和社会根源的基础上指出,严格执法,公正司法是"清除不重视和不遵守国家法制现象的主要方法之一。"② 凡属已有明文规定的,必须确切地执行,按照规定办事,尤其一切司法机关,更应该严格地遵守,不许有任何违反。③

(二)司法权威的举措

要维护司法的权威,首先必须树立司法的社会公信力。实际上,司法的公信力反映了社会公众对司法活动的信任程度。公正的司法行为,高质量的审判活动,高度的司法公信,是司法权威的基础。不公正的司法活动,质量不高的案件审判,缺乏公信力的司法,必然导致司法权威的丧失。按照共产党法律人的看法,司法的公信力体现在当事人和社会公众对司法判决的信服。"要知道法院的判决不仅是要使当事人信服,更重要的是判决要符合广大人民的意志,要使群众信服。"④ 在这里,当事人的信服和广大人民群众的认同,构成了评判司法的社会

---

① 《董必武法学文集》,法律出版社2001年版,第47页。
② 《董必武法学文集》,法律出版社2001年版,第353页。
③ 公丕祥:《董必武司法思想述要》,载《法制与社会发展》2006年第1期。
④ 《董必武法学文集》,法律出版社2001年版,第380页。

第三章
司法文明：人民司法的基本内涵和体系框架

公信力的基本尺度。而在实际的司法活动中，影响司法的社会公信力的因素是多方面的，其中之一便是如何正确地理解与适用法律。1954年5月18日的中国共产党第二次全国宣传工作会议专门讨论了这个问题。具体而言，"国家与社会生活中存在的一个突出问题，是对法律的严肃性缺乏足够的理解。这个问题的表现形式是各种各样的，不懂得正确使用法律这个武器就是其中的一种。反映在司法审判活动之中，就是没有正确理解法律的规定和基本精神，造成使用法律不当。比如，对犯法的人判刑是教育还是惩罚呢？人们对此争论不休。其实，根据刑法的规定，对犯了法的人依法判刑，给予相应的惩处，这对犯法者本人是教育，亦即教育他下次再不要犯，现在犯了法就应承担刑事责任；对其他人也是教育，即教育他们不要犯法。但是，这对犯罪者本身来讲，也是惩罚；如果对他应该惩罚而没有惩罚，那么这种教育作用也就无法体现。现在的问题是，法律秩序在许多方面还未严格地建立起来，对于那些应当惩罚的一般违法犯罪分子，还是单纯教育的多，而很少加以惩罚，没有正确处理好刑法的教育与惩罚之间的关系。对工业建设部门中的责任事故的宽纵，就说明了这个问题。又如，对一些学校发生的强奸幼女案件的处理问题。这是目前一个严重的现象。有些法院对于危害幼女身体和精神的这种野蛮的犯罪，不愤慨，不痛恨，认为这是'私生活'问题而予以放纵；有的认为只是'道德'的问题，'教育'问题，而不是严重的犯罪行为，或者仅当作普通的伤害罪；更奇怪的是把幼小的女孩子当'通奸'论，判了男的罪，也判女孩的罪；还有应从严而放宽的，有的案件重罪轻判，经过群众控诉以后，才加以改判。此外，在刑事司法活动中,既存在对反革命分子和罪大恶极的流氓恶霸分子'宽大无边'的现象,也存在应当从宽而过严的情况,结果造成错捕、错押、错判的现象。"① 因此,最高法院要求增强法律和法令的严肃性,正确地理解和运用法律。法院作为司法机关,更要严格执行法律制度。这是提高办案质量、增强司法公信力的基本保证。

大力提高法院的办案质量,是衡量法院工作水平的基本标准。在"大跃进"的年代,以董必武为代表的共产党法律人依然能坚持实事求是、一切从实际出发的思想,认为法院的中心工作是审判,"思想跃进可以从行动上表现出来。司法工作的跃进,什么是标准?这就要看我们的审判工作是不是便利于老百姓,是不是有利于巩固人民民主专政,是不是对建设社会主义司法起保障和促进作用。当然,最重要的是提高审判质量。"② 在1958年3月的成都会议上,毛主席提出"实业"和"虚业"的问题。"实业"就是业务,对于法院来说,就是办案。办案不钻研业务是不好的。当然,只钻业务不问政治和思想也有问题,也要搞"虚业",要谈政治和思想。提高审判质量,要坚持"虚业"与"实业"统一、政治与业务并重。但是,要防止表面上轰轰烈烈、热闹一番,不要提不着边际的空泛的口号,也不要脱离法院工作实际照抄照搬"口号"。法院"提口号要实事求是,不着边际的提不好,有的地方提所谓'几满意',这种口号怎样实现呢?不好检查,无从验证。比如党委不一定对法院工作

---

① 《董必武文选》,人民出版社1985年版,第352-353页。
② 《董必武法学文集》,法律出版社2001年版,第411页。

第三章
司法文明：人民司法的基本内涵和体系框架

都满意，可能在一定时期党委没有来得及过问法院的工作，没有什么意见，过问的话，总不能没有意见。兄弟部门也不会都那样满意，公、检、法三机关的团结不是建筑在满意的基础上，而是建筑在分工负责、互相制约的基础上，完全满意就统一了，也不成其为各个环节了。还有，当事人被判了刑，他能满意呢？民事案件也有是非之分，哪能都满意？对别人提的意见要分析，意见有不正确的，不能都采纳，对提意见的人来说也就不能都满意。……'几满意'的这种提法是一种空泛的口号，是不符合实际的。"在法院工作中，要提倡实干，尊重司法规律，围绕审判工作这个中心展开。比如，在法院工作中提跃进，"不是提的口号热闹就好，要实际干。法院也有些具体的可以跃进的项目，如不要积案，多少时间结案等等，但最要紧的是质量。"[①]又如，在法院工作坚持群众路线，与其他部门既有相同的地方，也有不同之处。"一审案件、上诉案件到当地就审，这种走出法庭，改变孤立办案的衙门作风，便利于人民是好的，但都走出去也办不到。"再如，清理积案是当前法院工作中的一个突出问题。"清理积案很好，突出一下也可以。为了某一个问题突击一下也是好的，但不能经常搞突击。"在这方面，"干劲是要有的，但要有节奏，有波浪，大海里的波涛就是一波一波、有起有落的。我们搞工作如果只起不落怎么能行呢？"

遵循司法规律，提高审判质量，增强司法的公信力，一项重要的工作就是要注意不断总结审判工作经验。高度重视和善于总结工作经验，这历来是我们党的一个很重要的工作方法。

[①] 《董必武法学文集》，法律出版社2001年版，第421页。

人民司法：
司法文明建设的历史实践（1931—1959）

"我们知道，一切知识来源于实践，所谓理论就是实践经验的总结，把经验条理化、系统化，加以提高，就成了理论，理论形成之后，又对实践起着指导作用。我们党的一切路线、方针、政策，包括我们政法工作的路线、方针、政策，都是从革命和建设实践中产生的。我们国家的法律，也都是实事求是地总结了人民斗争的经验，经过一定的立法程序制定出来的。总结工作，无论是法院，或者是公安、检察机关，都是很重要的一件事。做了工作，如果不回头看一下，接受过去的经验教训来提高认识，改进工作，那就一定会陷入盲目的经验主义的泥坑。"特别是现在社会处于大变动时期，过去的许多东西不完全适用了。因此，要认真深入地分析研究新情况、新问题，坚持实事求是，从实际情况出发，系统地总结新的工作经验，通过总结工作，找出工作做得成功或者失败的原因，从理论上、政策上和方法上逐步提高自己，进而从不自觉的被动的状态进到自觉的主动的状态；并且在实践过程中，通过总结工作经验，进一步修正、补充和完善原有的工作计划与设想，使总结经验的过程成为学习和提高的过程，成为认识和掌握事物客观规律的过程。"如果每个同志都懂得总结工作的重要意义，并且学会总结工作，就可以把我们的政法工作提到更高的水平。""同志们如果经常注意总结工作经验，对于提高办案质量是会有很大好处的。"① 这样提高审判工作质量，实现公正司法，增强司法的社会公信力，就有了坚实可靠的基础。

在当时新中国的法院工作中，影响司法公正的主要表现

---

① 《董必武法学文集》，法律出版社2001年版，第423页。

第三章
司法文明：人民司法的基本内涵和体系框架

就是法院的生效判决不能得到及时有效的执行，以及案件审理终审不终的问题。就前者而言，一些法院执行人员把官僚主义的强迫命令作风与法院依法强制执行混同起来，对于判决不敢强制执行，怕犯强迫命令的错误，致使很多判决成为一纸废文，在实际上降低了作用。这是各地法院相当普遍的一种现象。"怕自己犯强迫命令的错误，不敢强制执行，所以案子判决以后常常等于没有判决。"实际上，"把一般的强迫命令和法庭的强制执行混淆起来，这是不对的"。"法院判决了，就必须执行，一个案子判决确定之后，诉讼当事人应该有一方负责任，他不执行，法院就应该强制执行。"[①]生效的判决得不到公正而及时的执行，司法的权威必然大打折扣。而关于终审不终的问题，亦是影响司法权威的一个严重问题。一些涉法上访案件的处理，造成了无限申诉，无限再审，法院生效判决的稳定性受到了极大的损害。1954年6月24日，在政务院第219次政务会议上最高人民法院谈到了审级的问题，认为在大行政区时期，法院实行三审终审制度。但是在处理一些申诉案件时，则不是三审终结，而"现在实际是多级"，有的案件"三审后告到毛主席那里，又得重来"，无休无止，反复审理。此外，作为大行政区的法院从层级上看是最高法院，"应该是法律审，不应该是事实审"，亦即应该仅就法律适用问题作出裁决，而不应当就事实认定问题加以裁断。然而，大区的法院往往要审查具体的案件事实，大区法院的司法功能发生错位，所以"现在事实审很多。他

---

① 《董必武文选》，人民出版社1985年版，第351页。

不服就要告,你能不管?"因此,随着大行政区的撤销,上述状况和法院的问题就需要考虑,要设法解决一些案件终审不终和高阶位法院事实审的问题。虽然这一想法在1954年人民法院组织法中有所体现,但在具体的司法审判活动中,却并未得到有效的贯彻落实,无限申诉与无限再审的问题,最高法院与高级法院这些高阶位法院的事实审问题,时至今日,依然成为沉重的司法重负,严重影响人民法院的司法权威。

"徒法不足以自行,徒善不足以为政"。法律的尊严和权威是依赖于司法工作者严格依法办事而树立起来的。司法工作者的素质对于法律的执行起着至关重要的作用。因此,共产党人非常重视塑造一支经得起考验的司法队伍,他们曾一针见血地指出"有了法还必须有具备起码法律科学知识的人去运用,否则,就不可能不判错案。这是一个比立法更不易解决的问题。"① 为此,加强司法队伍建设至少有以下三个方法:一是改造旧的司法工作人员。"旧的司法工作人员、律师和法学教授要继续担负起原来所担负的工作,就必须要经过改造。"二是重视对政法干部的培养。"加强培养法律工作干部,是我们党领导法律思想工作方面的迫切任务之一。"在最高法院的关怀与推动下,北京、上海、重庆等地陆续成立了政法学院。三是要求司法工作人员认真学习马列主义,钻研业务。"在司法部门中加强辩证唯物主义的思想教育,进一步改善司法工作人员的作风,是目前一项重要而迫切的任务。"司法工作人员则"要学会用辩证唯物主义和历史唯物主义的观点和方法来分析

---

① 《董必武政治法律文集》,法律出版社1986年版,第375页。

第三章
司法文明：人民司法的基本内涵和体系框架

问题"，审判人员时刻要"把总结审判经验和经常的业务学习重视起来。对于已经公布的法律、法令、条例要很好地阅读，正确地应用。"另外，严格执法、公正司法也是促使人民信法、守法的关键。他认为对于公民的合法权益，要一律依法加以保护，特别是要注意弱势群体合法权益的保护。对于违法犯罪行为，特别是对于国家机关工作人员的违法犯罪行为，必须严加惩处。只有做到了这一点，人们才会认识到，法律是既不欺"弱"也不护"强"的。守法者能得到应有的回报，而违法者则必须付出其应付的代价。因而，法律是可信任的，才会自觉地遵守法律。如果说要求党组织、国家机关、党员干部守法是从正面为使人民信法、守法树立学习榜样的话，那么，对于违法犯罪的人依法进行惩处则可从反面说明违法犯罪会带来于己有害的后果，进而促使人民信法、守法。新中国成立后党的有些干部居功自傲，"不把法律、法令放在自己的眼里，以为这些只是用来管人民群众的，而自己可以不守法，或不守法也不要紧。"我党在不同的场合对此提出了严厉批评。"对于宪法和法律，我们必须带头遵守，并领导人民群众来遵守。假如我们自己不遵守宪法和法律，怎么能领导人民群众来守法呢？教育人民守法，首先就要国家机关工作人员守法。""我们反对一切随便不按规定办事的违法行为，今后对于那些违反法律的人，不管他现在地位多高，过去功劳多大，必须一律追究法律责任。"[1]

法律至上原则的确立是社会进步和法律理性化的产物，但法律并不因其内在价值而权威自立，法律权威的真正确立还需

---

[1] 《董必武文选》，人民出版社 1985 年版，第 419 页。

人民司法：
司法文明建设的历史实践（1931—1959）

要现实的社会条件、环境和土壤，新中国共产党法律人关于法律权威的设想正是从分析国情、民情，从总结历史规律入手的。他们首先从人类文明进步的角度总结了确立法律权威是历史发展的必然规律，又从国体和政体的高度阐明了社会主义法律权威的本质与本源，进而提出严格执法，公正司法是法律权威得以形成的关键环节，最后又认为提高司法人员的素质在法律权威确立过程中的重要意义，相关论述构成了一个逻辑严密的理论体系。①

综合而言，新中国成立初期人民司法观的形成受多种因素的影响，尤其受初期几个方面的特殊因素的影响：其一，经济、政治、社会和意识形态的高度集权化、一体化，客观上掩盖了对法制建设的需求；其二，长期的革命环境养成的依靠党的政策办事的习惯在新中国成立后的和平年代里得以延续；其三，全面借鉴前苏联等社会主义国家法制建设的经验，法制建设缺乏中国特色。同时，阶级斗争的影响仍在一定的范围内长期存在。因此，尽管早期共产党法律人提出的人民司法观体系包含了许多真知灼见，但其中的某些观点也表现出一定的时代局限性。总体而言，共产党法律人的人民司法观内容宏丰，博大精深，闪烁着马克思主义司法观的思想光辉，展示了中国特色社会主义司法学说的理论品格，有力地推动了马克思主义法学与司法理论在中国的运用与发展。他们把司法现象放置到社会政治生活的背景下加以分析，揭示了文明社会司法现象的政治性

---

① 夏锦文：《董必武人民司法思想的理论体系》，载《江苏社会科学》2006年第6期。

质。在他们的思想系统中，司法活动所依据的法律的社会历史类型、司法工作的方向与任务，司法与经济建设的关系等等，都鲜明地确证了司法的政治性。任何超阶级、超党派的司法活动，都是不存在的。特别是在无产阶级掌握国家政权的新的社会条件下，正确认识和处理两类不同性质的矛盾，乃是中国特色社会主义司法文明建设面临的一个重大课题。在社会主义中国，司法的政治性则集中体现为司法的人民性。"人民司法"的概念，成为共产党法律人认识社会主义历史条件下司法活动本质属性的一个基本概念工具。以人民司法为核心的司法文明体系的深厚力量，就在于它是人民民主专政的工具，是维护人民群众合法权益的机制，是人民内部生活秩序的有力保障。

第四章　如何司法：人民司法在新中国初期的具体实践

一、民主公正：新中国司法文明建设的蓝图

新中国法制建设遵循着如下的逻辑：为了保障社会主义经济建设和各种社会主义改造事业的顺利进行，需要巩固人民民主专政；而要巩固人民民主专政，就必须加强和运用人民民主法制。如何加强和运用人民民主法制呢？树立以人民为主导的立法、执法、司法和守法观成为法制建设的核心原则。因此，以人民为中心的新中国法制建设，突出公正而权威的法律观，是新中国司法文明建设的前提性保障。

（一）人民通过人大立法：权力公正

法律应该是人民意志的集中反映，立法的权力在人民。因为实行"人民民主法制，是工人阶级领导的人民群众通过国家机构表现出来的自己的意志。"例如，宪法就是"经过宪法起草委员会缜密的研究讨论，复经由全国各方面有代表性的人物八千余人进行了广泛的民主讨论，至六月十一日顺利地完成了宪法起草的工作。现在这个宪法草案已经公布，在全体人民中

第四章
如何司法：人民司法在新中国初期的具体实践

展开讨论，再作修改，然后提请第一届全国人民代表大会第一次会议审查。"人民如何行使讨论、决定立法的权力呢？人民立法权的行使是通过人民代表大会或人民代表会议进行的。因为"我们人民代表大会或人民代表会议是最便利于广大人民参加国家管理的组织，是'议行合一'的，是立法机关，同时也是工作机关。"

有鉴于此，首先应当开好各级各界人民代表会议，使它迅速代行人民代表大会职权。而在各级人民代表会议中，应以开好县级各界人民代表会议为关键。"因为县以上的省级人民代表会议，一般都开得好；县以下的区、乡级人民代表会议数目太多，上级领导不易照顾得周到。如能开好县级人民代表会议，那对开好区、乡人民代表会议就能起模范和领导的作用。"随着人民民主政治的进一步的发展，为了保障和推进经济建设事业，主要应该做的是"完成普选工作，实现普选的人民代表大会制度。"当时的共产党法律人还针对有关人民代表会议的三种错误观点或做法进行了严厉的批判：

一是认为"人民代表会议不起作用，可有可无。""事实证明，所谓不起作用，乃是由于我们没有使它起作用罢了。人民代表会议不是'可有可无'，应当是只许有不许无，只许一次比一次开得好，不许不开或少开。"

二是"把人民代表会议和干部会议混合着开"。董必武强调："人民代表会议是政权机关，是人民当家作主的机关，干部会仅是推动工作的方式。不能把这两个会合在一起开。人民代表会议可以邀请干部列席，但人民代表在会议上有表决权，列席的干部却无表决权。"

三是"把人民代表会议与其他人民团体或专业性的代表会议看做一样"。董必武认为：后者"只能解决它们本身有关的问题，它们的决定有时还须经政权机关的批准，才能生效"，而前者"是国家权力机关"，"两者绝不相同"。①

共产党法律人明确了依法办事的重要指导原则，强调人民立法。人民立法思想解决的是法律由谁制定的问题，特别明确了人民，而不是干部、其他人民团体或专业性的代表在立法中的主体性地位，强调开好各级人民代表大会的重要性。这体现出来的是一种权力的公正。这一思想给我们的启示是法律的制定并非是某个部门、某种团体或者某些法律精英的专利，真正的主人是人民，这就要求在起草某部法律的时候，参与起草的人员组成应当具有代表性和广泛性，而不是片面地集中于某些群体的人员；其次，不能以人民没有专业知识的背景而拒绝倾听他们的声音，认为他们的意见没有用，"所谓不起作用，乃是由于我们没有使它起作用罢了。"

（二）人民权利通过立法保证：法意公正

立法应当保护人民的权利，这一原则在共产党法律人看来应当从以下三个方面来认识：

1. 考虑人民的实际状况，因时而不是拔高立法

在论及新中国初期法律是否完备的情况时，共产党人十分坦承"我们现在的法律……应该说是不完备的。"主要原因在于："因为法律不可能一下子完备起来，只能随着革命事业的

---

① 以上参见董必武：《论加强人民代表会议的工作——一九五一年九月二十三日在华北第一次县长会议上的讲话》，载《人民日报》1952年1月30日。

第四章
如何司法：人民司法在新中国初期的具体实践

发展逐步完备起来。""要依靠我们在工作中创造和积累经验去制定。从历史上来看，任何法的制定，都是要经过相当长的时间的。我国保留下来的古代的成文法，较完备的首先要算唐律，叫永徽律，这个法律是经过唐朝高祖、太宗、高宗三个朝代历时三四十年的时间才制定出来的。"①

"目前我们已经有了类似宪法的政协共同纲领以及政府组织法等等，很多新的法令也将不断地公布出来，但是制定完备的法律，诸如刑法、民法和刑、民诉讼法等，是需要长期的工作，不可能一下搞好的。"

"法律一下不完备不要紧，先有一个基础，逐渐发展，逐渐充实，就会趋于完备的。""我们一定要实事求是，从实际出发。我们革命工作向来是从无到有，由小到大，由简至繁，一步步搞起的。"②

2. 照顾民族地区特殊情况，因地而不片面追求一统

人民的立法应当十分注重法律的适应性。中国面积广大，民族众多，各民族的生活环境、风俗习惯有很大差异，因而在立法时，应当不拘泥于全国法律的大一统，而是在"不抵触宪法的原则下，各自治区可以制定符合他们意志的自治条例和单行条例。"③

3. 以便利人民来设计法律，不规定法律之外的人民负担

在进行具体法律制度的设计时，应当以便利人民为出发点。首先要坚持贯彻的就是"从群众中来，到群众中去"的原

---

① 《董必武法学文集》，法律出版社2001年版，第380页。
② 《董必武政治法律文集》，法律出版社1986年版，第101–102页。
③ 《董必武法学文集》，法律出版社2001年版，第412页。

则，无隔阂地反映人民的意见。以审判制度为例，司法系统要求注意有关陪审制、巡回审判制以及在法院设问事处、接待室等问题，因为在司法改革运动中它们已被证实"是人民所欢迎的"。再就是调解委员会，"关于调解委员会，这也不是一个新问题，这次司法改革运动中间，在许多地方试行有效；但是过去我们在这个工作当中也还发觉到它的消极的一方面。希望各位同志能够细心研究，把大家公认为可行的制度肯定下来，予以巩固和推广；把尚无把握的事项，谨慎地选择重点试行。"①

人民的负担应该完全按法律规定办事，不许任何国家机关和工作人员在国家法令之外征用人民的人力、物力和财力。

以上立法原则从立法为民的主旨出发，解决的是法律制定的目的性问题。立法的目的在于保护人民的权利，所以应当根据人民所处的时代、地域因时因地立法，并且应当立法便民，负担法定。这体现出来的是一种法意的公正。这一思想给我们的启示是在制定、实施、改革法律时，不能对法律的现实性或历史性视而不见，将法律关系理解为纯粹的、观念上的抽象之物。否则，制定出来的法律很可能难以适用于现实的社会。如川岛武宜认为："法律命题不能脱离社会现实，虽然法律命题属于意识形态，但它固有的性质或目的决定了它不可能仅停留在意识的领域中唱独白。因为它的内容必须在社会生活的现实中实现，否则就会失去存在的意义。"② 那种为了追求某种人为目的而制定法律的想法是不可取的，因为法律所以能见成效，

---

① 《董必武法学文集》，法律出版社2001年版，第157-158页。

② ［日］川岛武宜：《现代化与法》，申政武、渠涛等译，中国政法大学出版社2004年版，第218-221页。

第四章
如何司法：人民司法在新中国初期的具体实践

在于最大多数主体的普遍认同。而且，对于那些具体制度的设计要以便利人民为出发点和归宿，而不是以政府、司法机关的方便行政、司法为中心。

（三）人民应自觉遵守法律：权利公正

为健全人民民主制度，巩固人民民主专政，保证国家建设，就需要人民群众守法。因而培养群众的守法思想，工作艰巨，意义重大。

1. 人民不遵守法律的原因

在共产党人看来，当时的中国，人民不重视和不遵守法律有着较深的历史根源和社会根源。

不遵守法律的历史根源在于：在人民没有夺得全国政权以前，一切革命工作都是在突破旧统治的法制中进行；夺得全国政权以后，又彻底地摧毁了旧的政权机关和旧的法统。所以仇视旧法制的心理在党内和革命群众中有极深厚的基础。新中国成立初期，接连发动了几次全国范围的群众运动，而革命的群众运动是不完全依靠法律的，这助长人们轻视一切法制的心理。

而不遵守法律的社会根源在于：中国社会各阶级中，小资产阶级占绝对多数。小资产阶级在一定的情况下常常表现极端的革命狂热，但不能表现出坚忍性、有组织、有纪律和坚定精神。轻视一切法制的心理对小资产阶级是容易投合的。一切轻视法制的思想，实质上就是小资产阶级的无政府主义思想的反映。

2. 培养人民守法思想的举措

当时的共产党法律人认为对于人民不遵守法律的现象不能等闲视之，必须努力设法加以清除，即使清除这种现象需要较长久的时间。如果现在不采取有效的方法，而等待以后去清除，那给中国建设社会主义造成的损害将会更大。① 如何培养人民的守法思想呢？

首先，要加强对人民的守法教育。共产党人认为，和政治思想工作相比，过去对于群众的法律宣传教育是做得很不够的。群众的政治觉悟高，是进行法律教育的有利条件。但是法律本身有它自己特定的范畴，因此，在提高群众政治觉悟的同时，还必须对群众加强法律的宣传教育，培养群众的守法思想。要加强对于全体国民的守法教育，必须使政法工作深入到工厂矿山中去，深入到农村的互助组合作社中去，深入到其他各种经济工作部门中去，建立自己的业务。同时还有必要成立相关的学会，举办宣传法律知识的刊物，以进行爱国守法教育，普及法律知识，并组织和开展对于国家政治法律问题的研究。

其次，使群众守法，要求国家机关工作人员，特别是领导者先要以身作则。一方面，有的国家机关工作人员对法律的严肃性认识不够，表现为在制定法律、法令时，有不少未能完全按照法定程序，表现为不知道运用法律武器，或运用得不好。其次有法律不知运用，或运用不当。主张：国家机关工作人员必须对法律、法令有充分的理解，因为只有这样，才能正确地执行和模范地遵守法律。另一方面，有的国家机关工作人员由于认为自己对革命有贡献，滋长了一种极端危险的骄傲自满情绪，不把法律放在自己的眼里，以为这些只是用来管人民群众的，而自己可以不守法，或不守法也不要紧，这种思想是极端错误的。

---

① 《董必武法学文集》，法律出版社 2001 年版，第 351 页。

第四章
如何司法：人民司法在新中国初期的具体实践

再次，培养法律工作者也是一个重要的任务。为加强法律工作，培养法律工作者是一个重要任务。因为今后对于法律工作者的需要必将日益增加，各级法律工作机关的干部要补充，公证人、辩护人又要设置，监狱管理人员也要培养，此外还要配备中等以上学校的宪法教员和农村法律宣传员等等。共产党人采取的方法是一方面要开辟这些人员的来源，一方面是要扩大政法院校的训练和培养能力，同时还需要组织法律工作者对法学认真地展开研究。

新中国法制建设所确定的人民守法思想，重点要解决的是法定权利的实现问题。这体现出来的是一种权利的公正。的确如上所言，中国有着太多的不守法的历史，这种潜在的影响也实实在在地表现于当今中国的社会生活。漠视法律、规避法律、违反法律的现象大量存在。不守法现象并非一个个孤零零的事件，那种将不守法现象仅看作某个人或利益群体的事情的看法是不可取的。因为超过限度的不守法现象的存在，导致的将是相关人原本依据法律所能享有的权利的利益期待被剥夺，人们就会对自己的守法行为、对法律的公正产生怀疑。当人们对是否守法感到无所适从的时候，立法时所期待的那种和谐秩序将难以实现，法律所保障的人的权利也就无从谈起。因而在越来越多的法律被制定出来的同时，全面提高公民的守法意识也是不容忽视的，是一个更为重要的问题。毕竟，制定法律的目的不是死的法条，而是活的秩序。

具体到如何提高公民的守法意识，除了进行普法宣传教育外，共产党人还坚持"要求国家机关工作人员，特别是领导者先要以身作则"的思想，这一点是值得充分肯定的。试想如果连执法者本人都不守法,如何能让老百姓信服法律?除此之外,还有一个重要的措施:就是应当降低守法成本。中国目前的法治状况在很大程度上是"法有余而治不力"。实践中存在的执法难现象,从另一个角度看就是不守法现象(包括执法者和被执法者)。导致这种大规模不守法现象的原因除了上述的历史渊源外,不知守法成本过高,是否也是一个重要的因素。或许当守法行为变得更方便、更经济时,将会有更多的人在更多的情况下愿意选择守法。

(四)人民监督司法独立审判:司法公正

人民虽然有权监督法院审理案件,但是应当按照正常程序进行,而不能通过非法途径威胁法官判案,单位和群众的意见,不能成为法院判案的依据。

1. 审判工作应受到广大人民的监督

鉴于人民法院审判案件,在广大范围之内与人民群众直接相接触,解决的问题又都是人民群众切身的问题,因此处理人民来信、来访是其中一项十分重要的工作,它应当是人民法院一项经常性的重要政治任务,是审判工作群众路线的一个重要方面。

要做好人民来信、来访工作,一方面要建立健全由审判庭处理案件申诉的制度。另一方面,关键在于法院领导同志对这项工作的重视。各级人民法院应当在院长、副院长中,指定一人亲自掌管这项工作,审查一些重要的来信,亲自接见一些来访的人员。在当前正确处理人民内部矛盾的要求下,处理来信、来访的工作更占重要地位。人民法院只有认真进行这项工作,才能及时了解人民内部矛盾,宣传法律,并发挥调整作用。如

第四章
如何司法：人民司法在新中国初期的具体实践

果以官僚主义的作风来处理来信、来访，则不但不能发生这种作用，反而会使当事人和与当事人利害相同的其他人员同法院发生矛盾。

2. 判决不应受当事人、单位和群众的影响

1956年在最高人民法院第66次党组扩大会议上通报了一则案件，即1956年前后由最高人民法院审理一起离婚案件，依照法律规定应当判决离婚，但由于当事的女方及部分群众不同意，致使判决拖了很久。最高人民法院在会上明确指出：法院判决是很难使双方都满意的，法官在执行职务时，如果怕当事人自杀，就不敢下判或者不按照法律判决，是不对的。法院判决案件不应受当事人死不死的影响，不然就一件事情也办不了了。有些人对判决不满意，经过各种办法说服后仍然要乱闹，对这种胡闹的人，要采取必要的办法，可以将他押回去。不能说我们执行了国家法纪就脱离了群众。这样做只是为了把社会生活放在一定的秩序上去，就是在人民内部也应当要遵守一定的秩序。

因此，法院判案应当是取得法院内部的意见一致，其他机关的意见仅仅是一种意见。而且，即使是法院判决的意见，也实行少数服从多数，没有必要意见完全一致后才判决。①

新中国司法文明建设中所确定的人民监督司法思想，解决的是法定权利的救济问题。这体现出来的是一种司法的公正。我们可以从以下两个方面来理解人民监督司法的影响：

一方面，中国法院的信访制度有着深厚的观念基础，因而

---

① 《董必武法学文集》，法律出版社2001年版，第338页。

仍将长期存在。通过革命取得胜利的人民民主政权一直将资本主义的民主视为是虚假的，号召人民缔造一个使自己真正当家做主的制度，所以宣布"废除伪法统，建立人民民主新法制"，并将被革命实践证明了的"群众路线"和"实事求是"的法宝运用于司法实践中，使得信访制度有了存在的观念基础。具体到制度设计上就是公民可以通过来信来访的方式，实现其对司法机关的监督权、申诉权，这是实行直接民主较为理想的选择。人民法院的信访制度，在一定程度上也的的确确地起到了有效监督司法、为当事人提供权利救济的作用。这也是为什么它历经数十年而存在，且为众多的民众所运用的原因。从这一角度而言，信访制度在当今的中国仍然有着其存在的社会需要和广泛的群众基础。

另一方面，法院的信访制度也使得公民干预司法成为可能。实践中，不少当事人在法院判决败诉后不甘心失败，频繁信访，对法院和法官施加压力，在一定程度上影响了法院及法官的日常工作，扰乱了司法的正常秩序。如前所提1956年前后由最高法院审判的离婚案件，就是由于当事的女方及部分群众不同意，频繁上访，使法官迟迟不敢下判决。由此可见，法院的信访制度在完成监督司法、为当事人提供权利救济的功能的同时，也不同程度地为公民干预司法提供了制度性背景和条件。

尽管信访制度有着深厚的观念基础，发挥着为当事人提供权利救济的功能，这使得它在当今的中国仍然有存在必要，不能任意摒弃，但是，信访制度又不同程度地为公民干预司法提供了制度性背景和条件。这就给当代中国提出了一个很值得进

第四章
如何司法：人民司法在新中国初期的具体实践

一步思考、研究的课题：如何将信访制度纳入一种法制化的轨道，引导其趋利避害。

综上所述，新中国初期的司法文明建设从立法的主体和目的、法定权利的实现和救济四个方面，多个角度回答了新中国应该如何加强和运用人民民主法制的问题，包含了立法公正、法意公正、权利公正和司法公正等内容，形成了以人民为主导的法制文明建设蓝图，充分保障了人民司法的具体实践，其中所涉及的许多问题仍然是我们今天的法治建设所必须面对的。

二、人民的司法：新中国司法文明建设的基本格局

政法合一的司法模式在新中国司法文明建设中具有最大的合理性。最大限度的发动人民参与司法与当时国家政权建设紧密相连。人民司法思想是董必武法制建设思想的核心和精髓，它像一条红线贯穿于共产党法律人关于法制建设的一系列论述中。[1] 新中国司法文明建设理念在人民与国家的叙事中展开，人民司法的政治性和人民性是统一的。新中国的司法在政党和政权的合法性建构下逐渐成形。坚持群众路线，保持人民性是一切建构的基础出发点，司法也不例外，这是经由董必武等党和国家领导人集体奠定了新中国司法文明建设的基本格局。

"人民司法"成为社会主义中国司法活动本质属性的一个

---

[1] 《董必武法学思想研究文集》（第四辑），人民法院出版社2005年版，第213页。

基本概念。按照共产党法律人的一致看法，在社会主义中国，司法的政治性集中体现为司法的人民性。有学者认为人民司法观包含了司法的政治性、司法的人民性、司法的公正性和司法的程序性等问题，①而在这样的理念下产生的一系列独特的司法技术，形成了独具特色的传统。这些传统包括"为中心工作服务""走群众路线"和"实事求是、有错必纠"等。②而这些司法传统都与政治传统相关，正是独特的中国政治传统使得新中国初期的司法建设将司法的政治性和人民性放在首位，进而彰显"人民司法"的样态，使得"人民司法"真正成为"人民的司法"。目前学界对新中国人民司法思想的研究可以说十分全面，对人民司法和司法为民的解读也十分具体。而对于"人民司法"如何成为"人民的司法"则研究并不十分清晰。司法政治性的集中体现虽为人民性，但政治性也是从人民性出发的。中国的革命政治传统"群众路线"则是人民性的来源。因此，司法的人民性才是新中国司法建设的核心理念，在司法中如何发动群众将是新中国初期建设人民司法的关键。理解了"人民如何司法"与司法人民性的关系，才能深刻地认识新中国司法文明建设的基本格局，即人民的格局。

（一）国家都是工具

早在1940年，以董必武为代表的早期共产党法律人在陕甘宁边区中共县委书记联席会议上就指出，"政府就要和群

---

① 公丕祥：《董必武司法思想述要》，载《法制与社会发展》2006年第1期，第7-9页，第14页。

② 何永军：《人民司法传统的表达与实践（1978—1988）》，载徐昕主编：《司法》（第3辑），厦门大学出版社2008年版，第58页。

第四章
如何司法：人民司法在新中国初期的具体实践

众保持密切关系。要让群众感觉到政权是他们自己手中的工具，政府才真正是他们自己的政府"。① 而政权是阶级社会中阶级统治的权力机关，政权最明显的标志为政府机关、军队、法庭、监狱等。② 既然政权都是人民的工具，政府、军队、法庭、监狱等也都是人民手中的工具，一切都是人民的。而怎样让人民感知到这一点呢？就是要和群众保持密切关系。因此，在1953年第二届全国司法工作会议上，最高法院针对三年来的司法工作的经验总结就只有一条：确认了人民司法是巩固人民民主专政的一个武器，具体是通过各种运动而确立的。③ 同时，还针对当时"有些人认为法院不起作用，成了工具"的观点加以批驳："其实，法院就是工具，不但法院，整个国家都是工具，党也是工具。"④ 可以说，党政机关都是专政的工具，专政是靠人民民主的方式实现的，因此是从人民出发，依靠人民的。人民司法的基本精神，是要把马、恩、列、斯的观点和毛泽东思想贯彻到司法工作中去。人民司法基本观点之一是群众观点，与群众联系，为人民服务，保障社会秩序，维护人民的正当权益。这是最一般的基本问题。⑤ 这样，群众路线就成为新中国初期人民司法建设的纲领。由于司法工作关对专政意义重大——"人民民主专政最锐利的武器，如果说司法工作不

---

① 《董必武法学文集》，法律出版社2001年版，第3页。
② 《董必武法学文集》，法律出版社2001年版，第97页。
③ 《董必武法学文集》，法律出版社2001年版，第153-155页。
④ 《董必武法学文集》，法律出版社2001年版，第254页。
⑤ 《董必武法学文集》，法律出版社2001年版，第45页。

是第一位的话，也是第二位的"，① 没有它便不能完成专政的任务。因此，"司法工作的前途与国家前途是一致的。"②

当时的政治环境使得国家政治的任务仅仅是"镇压和保护"。列宁认为，法院不应该取消镇压，法院应该在原则上明确地毫无掩饰地说明镇压的道理，并使之具有法律依据。③ 因此立法也是为了实现镇压。1949 年 4 月 1 日华北人民政府发布了《为废除国民党的六法全书及一切反动法律由》认为：人民要的法律，则是为了保护人民群众的统治与镇压封建地主、买办、官僚资产阶级的反抗。④ 1956 年 9 月，董必武在中共第八次全国代表大会上发言强调，"人民民主法制，是工人阶级领导的人民群众通过国家机构表现出来的自己的意志，是我们国家实现人民民主专政的重要工具。"⑤ 这样，新中国的法制建设也是从保卫人民出发的。

（二）运动创造法律

革命的传统从革命运动中走来，运动在塑造政党正当性的同时，也能紧密团结广大人民，培养其国家意识。列宁认为，群众把法庭看作一种与自己无关的衙门，这种由于地主资产阶级压迫而留传下来的观念还没有彻底打破。群众还没有充分意识到，法庭正是吸引全体贫民参加国家管理的机关（因为司法

---

① 《董必武法学文集》，法律出版社 2001 年版，第 38 页。
② 《董必武法学文集》，法律出版社 2001 年版，第 47 页。
③ 列宁：《给德·伊·库尔斯基的信》，载《列宁全集》（第 33 卷），人民出版社 1985 年版，第 320 页。
④ 《董必武法学文集》，法律出版社 2001 年版，第 196 页。
⑤ 《董必武法学文集》，法律出版社 2001 年版，第 340 页。

第四章
如何司法：人民司法在新中国初期的具体实践

工作也是国家管理的一种）。① 怎样使全民参与国家管理呢？1954年在中共第二次全国宣传工作会议上，共产党人强调，"革命斗争如果没有很好地对群众进行政治思想工作，革命是不可能取得胜利的；而革命又激发了群众的政治热情。我们在革命胜利以后，进行了土地改革等运动，在这些运动中，把向来站在政治生活圈外的群众都发动起来了，……群众积极参加党所领导的各种政治运动，表明群众政治意识提高了。这对于群众法律意识的提高也是有帮助的。"② 因为政法工作对抗美援朝、镇压反革命、土地改革、"三反""五反"等伟大运动，都有密切而不可分的关系，并且起了很大的作用，尤其是人民法庭。这样，政法工作便在群众心目中树立了良好形象。因为"我们的工作需要从运动建立起来，运动可以促进我们工作的开展，反过来我们也推动与领导了运动前进。……政法工作就是教育群众、发动群众、组织群众，为巩固与发展人民民主政权而斗争。只要群众组织起来，就可以依靠群众解决任何困难问题。"③ 群众路线是法宝，运动便是群众路线最好的体现。

到1953年，新中国初期的司法工作已经过了土地改革、镇压反革命、"三反""五反"和司法改革运动。因此可以说新中国初期的司法建设是从运动中走来的。1955年9月，最高法院在同苏联法学专家谈到运动与法制工作的关系时认为，"建国以来一直是处在紧张的群众运动当中，群众运动不是依

---

① 列宁：《苏维埃政权的当前任务》，载《列宁选集》（第3卷），人民出版社1996年版，第518页。
② 《董必武法学文集》，法律出版社2001年版，第193-194页。
③ 《董必武法学文集》，法律出版社2001年版，第125-127页。

人民司法：
司法文明建设的历史实践（1931—1959）

靠法律，而是依靠发动广大群众。运动有一个特点，就是突破旧的法律。我国的法律都不是事先写好，而是先做起来，然后在总结经验的基础上制成了法律。……运动都是党直接领导的，运动本身，一方面改变了原定的工作计划，另一方面促使机关工作的质量进一步提高，并在运动中创造了法律。运动是促进、发展、提高了法制工作。"① 这是对运动在司法建设中所发挥的作用的极大肯定，足以向苏联法学专家炫耀。

为何一定要通过运动才能建设法制呢？虽然在 1949 年发布的《为废除国民党的六法全书及一切反动法律由》强调"人民法律的内容，比任何旧时代统治者的法律，要文明与丰富，只须加以整理，即可臻于完备。"但当时废除六法，几乎没有留下适用的任何法律，本着一切从经验中来的"摸着石头过河"的心态，群众运动这一政治传统理所当然成了首选。1954 年 1 月政务院会议上揭示了必须依赖于运动促进司法工作的具体原因："没有运动就不能很快解决问题，制定法律是在运动起来以后才订法律。我们不能等着法律订好了再搞运动。将来还是有运动，但与过去比较起来，能够比较按照法律来做，一般可以先订出法律，然后按法律办事。"② 过去有运动，现在要逐步开展立法计划，从运动到立法计划这一点来看是有极大的进步的。到 1957 年，共产党人开始认为，"过去我们为了解放生产力，就要搞群众运动。群众运动是一种风暴式的革命运动，它主要是依靠群众的直接行动，而不是依靠法律。我们的法律

---

① 《董必武法学文集》，法律出版社 2001 年版，第 316 页。
② 《董必武法学文集》，法律出版社 2001 年版，第 166 页。

第四章
如何司法：人民司法在新中国初期的具体实践

都是从群众运动中产生的，……现在情况变了，国家的任务已经由解放生产力变为发展和保护生产力。群众运动是个法宝，但不能老是搞运动。……简单地说，国家没有法制，就不能成为一个国家。国家的法律和制度，就是法制。"① 因此，共产党法学家认为加强立法的时机到了。从运动到计划与马克思有关生产力的论述有较大的关联，人民司法建设总是贯彻马列精神、联系群众的。

我们或许认为，群众运动往往以政治"挂帅"，而与法制状态相互矛盾，在那一段时期，"法制"的领地是非常狭小的，并时刻受着"政治"的包围、重压与侵犯。② 但我们不能否认群众运动式的司法建设始终是围绕司法的人民性展开的，政治与人民始终在司法建设的历次运动中被不断建构，人民司法真正使人民感受到了"人民自己的司法"正在逐步建立。而且运动过后，有计划地进行司法建设也逐渐重视，这不能不说是一大进步。此后的司法建设也是围绕群众路线进行的。政治合法性在国家与社会公众的沟通交涉中潜移默化地形成，就地审判、公开审判、巡回法庭、人民陪审、人民调解等贯彻群众路线的司法形式在便利群众的同时，广大群众对审判的参与使群众懂得应该主张什么，支持什么，反对什么，使群众在实际斗争中受到教育和锻炼。③

---

① 《董必武法学文集》，法律出版社2001年版，第379-381页。
② 孟庆超：《浅析董必武对政治与法制（治）关系的认识》，载《董必武法学思想研究文集（第五辑）》，第250-257页。
③ 许可：《"法院"与"人民"——司法民主再思》，载徐昕主编：《司法》（第3辑），厦门大学出版社2008年版，第66页。

(三) 司法的破与立

有学者认为大规模的群众运动能够有效地除旧,却难以及时地布新。1952年的司法改革,系采用大规模群众运动的方式而推进的,它迅速地清除了旧法观点的影响,并确立了一系列新法观点,适应新中国法制建设需要的司法观念体系并未随之完全确立起来,甚至一些基本的法律原则也付之阙如,这也使我国以后的人民司法工作缺少明确的指导思想。[1] 但1952年前后的司法建设之所以依靠普通民众来设计改革方案,主要是由于司法改革的重点是进行思想清算。董必武强调"司法工作是重要的。所以一下没有建立起来,不要紧……人民在自己的生活中逐渐有了需要,慢慢就建立起来了。"[2] 因此,司法建设是一个过程,1952年的司法改革只是这一过程中的一个重要环节而已。

1952年的司法改革肇始于"三反运动"。"三反运动"中发现了司法工作问题的严重性,而清理旧司法人员是必须解决的一个严重问题。人民的法律,是便利维护人民自身的权益和对敌人斗争的锐利武器,不应操在不可信赖的人手中。[3] 因此,在司法工作初建之际,思想建设特别重要,必须把它视为司法工作建设的前提。清理工作先从省法院、省分院、城市法院入手开始改革。1952年6月24日在全国政法干部训练会议上,最高法院发布了"关于改革司法机关及政法干部补充、训

---

[1] 刘风景:《司法理念的除旧与布新——以1952年司法改革对旧法观点的批判为素材》,载《北方法学》2009年第1期。
[2] 《董必武法学文集》,法律出版社2001年版,第42页。
[3] 《董必武法学文集》,法律出版社2001年版,第116页。

第四章
如何司法：人民司法在新中国初期的具体实践

练诸问题"的具体部署，重点阐述了旧司法人员清理和新干部培训的问题。司法工作是国家政权的重要组成部分，是镇压反动派、保护人民的直接工具，是组织与教育人民群众作阶级斗争的有力武器。[①] 因此人民民主革命的胜利果实——人民的法律就坚决不能让旧司法人员占据。至于新司法干部的来源，大体有以下几个方面：1. 骨干干部，应选派一部分较老的同志到法院担任领导骨干；2. 青年知识分子；3. 五反运动中的工人店员积极分子；4. 土改工作队和农民中的积极分子；5. 转业建设的革命军人（包括一部分适于作司法工作的轻残军人）；6. 各种人民法庭的干部，工会、农会、妇联、青年团等人民团体还可以帮助选拔一批适宜于做司法工作的干部和群众运动中涌现出并经过一些锻炼的群众积极分子。"只要我们面向群众，依靠群众，那么我们不仅不会感觉到司法干部来源枯竭，相反倒会使我们获得丰富的干部源泉，并更加纯化我们的司法机关。"[②] 因为我们有无比坚强的群众基础。最高法院还建议华东能办一所工人政法学校，建议从失业工人（如工人、店员）和荣军学校中寻找政法干部的来源。可见，清理旧的司法干部和培育新的司法干部无不是从群众路线出发的。当然，首先要考虑的是政治觉悟，纯化思想。

在司法改革运动以前，司法的队伍的基本情况是："从两千个法院的情况来看，过去政治上、组织上和思想上三方面不纯，占据了司法人员的24%之多，差不多有1/4。如果拿政治

---

① 《董必武法学文集》，法律出版社2001年版，第121页。
② 《董必武法学文集》，法律出版社2001年版，第123页。

人民司法：
司法文明建设的历史实践（1931—1959）

上的不纯来看，只江西的一个地区（几个县）的1382个旧司法人员中就有290个是反革命。……把政治上的不纯基本上解决了，组织上的不纯也就基本上解决了。至于思想不纯，这次司法改革运动是自上而下地从中央司法机关到各地方司法机关对政务院的指示进行了一次比较深刻的学习，划清了敌我界限和新旧法律观点的界限。"① 新中国初期的第一次司法改革历时九个月，于1953年2月结束，占1/3的旧人员全部调离审判工作岗位。② 共产党法律人认为，在这个基础上建立和发展起来的人民民主法治，是真正表现人民意志的和为人民服务的法制。③ 之所以从这三个不纯进行改革运动，主要是因为"哪个地方的司法机关中有组织不纯、政治不纯和思想不纯的现象存在，那里就必然表现出不是失掉人民立场就是没有采取最便利于人民的方法解决人民所要求解决的问题，那时人民就责备我们，反对我们，说我们的人民法院'不是共产党领导的法院'……是'地主法院，不是人民法院'。……反之，如果我们在司法机关中纠正了思想上的错误，清除了组织上的不纯，清除了坏分子，改变了坏作风，听取了人民批评我们的意见，改正了错判的案件，人民就说'这才是真正的人民法院'。"而思想不纯的问题不是一个运动就能解决的，需要循序渐进。④ 也因此，保持先进的思想观念一直到今天依然是共产党司法不断强调的政治前提。司法的政治性和人民性是合一的。在法院

---

① 《董必武法学文集》，法律出版社2001年版，第155-156页。
② 《董必武法学文集》，法律出版社2001年版，第311页。
③ 《董必武法学文集》，法律出版社2001年版，第344页。
④ 《董必武法学文集》，法律出版社2001年版，第156-157页。

第四章
如何司法：人民司法在新中国初期的具体实践

建设中，强调党委领导也是基于此。

1958年4月召开司法工作座谈会时确立了法院的基本地位："国家之所以设法院，是因为它是重要的，必要的。当然，重要并不是超乎其他机关之上。"① 其实已在指涉法院与党的关系。坚持党的领导，是依法办事思想的精髓所在。②1955年各省市法院院长会议进一步确定了法院党委在审判中的角色扮演："在法院与党委关系上，对于杀的问题，遇有党委确定杀的案子，法院发现确有可不杀的事实根据时，应向党委提出意见；党委确定还是要杀时，仍可声明保留意见向上级党委反映。这是对党负责，不是闹独立性。……法院应当成为党委很好的助手，起应起的作用。"③ 法院是不能强调独立的。"法院的组织只是到县，法院的构成也不像行政部门的上下级那样密切。主要是靠地方党委领导，假使上级法院与地方党委的意见不一致，应该服从党委。法院离开党委的领导要想前进一步办法是不多的。"④ 到1959年全国公安、检察、司法先进工作者大会上还不断地强调党的领导是所有司法成绩取得的关键："你们的成绩和先进经验是怎样获得的呢？……首先是因为在党的领导下正确地贯彻了党的鼓足干劲、力争上游、多快好省地建设社会主义的总路线。其次是因为有了群众的支持。政法工作如果不发动群众来参加并取得他们的支持，单单依靠我们政法机

---

① 《董必武法学文集》，法律出版社2001年版，第419页。
② 吕伯涛：《论坚持党对法院工作的领导——董必武人民司法思想的落脚点》，载《董必武法学思想研究文集》（第七辑），第569页。
③ 《董必武法学文集》，法律出版社2001年版，第254页。
④ 《董必武法学文集》，法律出版社2001年版，第418页。

关的干部，工作是做不好的。"① 党的领导和群众的支持共同造就了新中国初期的司法建设，也为此后的司法工作提供了宝贵的经验，因此人民司法的政治性和人民性是统一的。

根据中央人民政府组织法，国务院下设政法委员会，政法委员会当时以加强民主建政和训练司法干部为工作重点。这两项工作都决定了以后政法运行的模式。所谓民主建政，是在县级建立起人民代表会议（代行人民大表大会职权），然后再组建政府。而训练政法干部也要配合民主建政，为新建各级政府配备县官的政法干部。县级政法机构包括县法院、检察署、监委（人民检察委员会）、公安局和民政科，董必武的设想是全国各县每一个部门配备一个不仅懂得国家现行政策，而且懂得马克思列宁主义关于政法方面的基本理论的人，县政府一个，公安局一个，法院一个，检署一个，监委一个，民政科一个，共六到七个。② 政法干部是同质性的，这为此后的司法机关的通力合作制造了便利。

1951年11月，中央各机关开始了增产节约运动。中央政法部门（五大部门）开始合署办公。合署办公不仅不是把某些政法部门合并掉，相反是要加强它。③ 针对有的地方政府将检察署裁撤的情况，司法系统一直坚持认为，"合署办公既不是合并，也不需要裁撤。"总之，合署办公的意思主要是将行政上的琐碎事务合并起来，而各机关仍独立行使职权。④ 直到

---

① 《董必武法学文集》，法律出版社2001年版，第427-428页。
② 《董必武法学文集》，法律出版社2001年版，第87-89页。
③ 《董必武法学文集》，法律出版社2001年版，第127页。
④ 《董必武法学文集》，法律出版社2001年版，第179页。

第四章
如何司法：人民司法在新中国初期的具体实践

1955年6月，"检院、司法行政系统组织机构还没有普遍设立，法院机构也不够健全，整个来说，我们司法部门成长还没有脱离'单细胞'阶段。因之，不能过分强调分工，几个机关通力合作，一切应从有利于工作出发。"① 当"联合办公的时候，就开始了三反运动。"② 可以说合署办公在当时也为更好地发动群众运动提供了有利条件。

在社会整合和司法变革的双重目的下，司法权力必须与其他国家权力协同作战，否则难以推进全国性群众动员和社会整体性变革。因此，通力合作是为群众运动服务的，是站在人民的立场上。通过为人民服务的宣称和人民民主专政的组织制度，共产党和政府正当化了包括司法权在内的国家权力。像"人民政府""人民医院"一样，"人民公安""人民检察院"和"人民法院"昭示了人民民主专政的根本性质，体现了新中国司法的优越性和合法性。③ 虽然当前处在一个阶级性越来越模糊的年代，人民民主已经走出了阶级对立，但董必武当年倡导坚持的"站稳人民立场，为人民服务，尽可能便利人民"的观点却是清晰和恒久的。④ 因为这是同国家传统与当下的政治现实紧密结合的。

（四）法律要下工矿

列宁认为"如果法院真正是按照苏维埃机关的原则组织

---

① 《董必武法学文集》，法律出版社2001年版，第255页。
② 《董必武法学文集》，法律出版社2001年版，第150页。
③ 许可：《"法院"与"人民"——司法民主再思》，载徐昕主编：《司法》（第3辑），厦门大学出版社2008年版，第66页。
④ 王新宇：《破中求立——董必武司法改革思想解读》，载《阜阳师范学院学报（社会科学版）》2005年第1期。

人民司法：
司法文明建设的历史实践（1931—1959）

起来的，它就应当担负起另一个更重要的任务。这个任务就是保证劳动者最严格地执行纪律和自我纪律。"①司法要为经济建设服务，在这一点上共产党法律人很清新地认识到"一切为人民服务，这是一个真理，我们应该坚持，司法工作也是为人民服务。我们司法工作要对人民恢复和发展生产给以适当的配合。"②随着1953年开始实施第一个五年计划，1954年起政法工作的主要任务是保障经济建设顺利进行。③在第二届全国司法会议上，司法战线全面提出了"选择重点，开始试办工矿企业中的专门法庭，以与破坏分子、不遵守劳动纪律的现象作斗争。"一旦这种法庭建立起来，首先是要跟破坏经济的犯罪分子作斗争，同时也要教育劳动人民遵守劳动纪律。而只有通过法庭去教育，收效才能很快，仅仅靠开会、批评、登报是不行的。因此，国家从"政治运动"转向"经济建设"，司法工作也随着发生了转向。司法建设是同国家建构紧密结合的，即便如此，司法建设依然是围绕群众路线进行的。建立工矿专门法庭即是有力的证据。而建立专门法庭，需要依赖工会。工会以前没有成立，而当1953年"在国营工厂里面都进行了民主改革，基础比较好"时，则需要在一些工厂、矿山开始重点试办。④

在1955年的中国共产党全国代表大会上，司法领导人正

---

① 列宁：《"苏维埃政权的当前任务"一文的初稿》，载《列宁全集》（第27卷），人民出版社1990年版，第199页。
② 《董必武法学文集》，法律出版社2001年版，第43页。
③ 《董必武法学文集》，法律出版社2001年版，第166页。
④ 《董必武法学文集》，法律出版社2001年版，第158-159页。

第四章
如何司法：人民司法在新中国初期的具体实践

式提出了"司法工作必须为经济建设服务"的口号。具体而言，"当前人民司法工作的锋芒，是通过审判活动，配合公安和检察工作，镇压危害国家安全和破坏经济建设的反革命分子和间谍、特务分子，打击不法资本家和贪污盗窃分子；同时通过工矿企业中的责任事故案件的处理，加强对职工群众的守法教育。在具体的司法建设上，设立了铁路运输专门法院、水上运输专门法院；在各省市法院中设立了122个经济建设保护庭或组。大、中城市和县设立的公证机构已达294处。自第二届全国司法会议以来，县级人民法院广泛地设立了巡回法庭，在农村和城市街道相当普遍地设立了调解委员会。这些组织，吸收了成百万人民群众的积极分子参加国家的司法活动，便利于为人民群众排难解纷，团结生产"，① 这样人民司法才能成为真正的"人民的司法"。

1959年5月，中共在对新中国初期的政法工作经验总结时依然强调，"凡是在我们政法工作中，有利于实现党的领导，有利于贯彻群众路线，有利于政府工作与生产劳动结合，有利于为党和国家的中心工作服务，有利于对敌斗争、便利人民的，就是好的经验。"② 这可以说是他毕生的经验。③ 我们可以说"人民司法"的话语紧密相连的是人民民主专政、群众路线、国家权力一体化等中国特色的政治传统。而这一切都是基于"一切为了群众，一切依靠群众"的群众路线，统一在国家的政权建设中。因此人民司法的政治性和人民性是统一的，人民性是一

---

① 《董必武法学文集》，法律出版社2001年版，第246-247页。
② 《董必武法学文集》，法律出版社2001年版，第427页。
③ 姚一：《董必武与政法主义》，载《中国图书商报》2001年8月30日。

切问题的出发点。当前提倡的"司法为民"的口号和措施,淡化了群众路线、人民民主专政的司法传统,并没有赋予人民更多参与司法的权力。① 这需要我们反思。而"尊重人民群众在司法改革中的主体地位"② 的论调同样需要在面对中国当下政治建构中反思。

三、人民司法与运动司法:新中国司法文明的法制化进路

在新中国人民司法的法制建设道路上,运动司法具有重要的影响力。考察运动司法,使我们能更为具体地阐释人民司法在新中国法制建设和司法文明建设中不断成型和完善的过程,也能让我们更加直观地感受到其中的艰难和波折。反革命罪最初是以运动司法的形式进行惩治的,一直到1997年刑法将其除名,其近50年的法制实践历程,能够使我们从具体的犯罪惩治过程中了解到新中国司法文明的过程。而从反革命罪的惩治初期去挖掘人民司法在新中国法制化道路进程中的具体过程,则更能使我们对人民司法与运动司法的关系,以及人民司法法制化进程的研究更加细致和充实。

反革命罪始于1927年3月武汉国民政府公布的《反革命罪条例》,该条例共列举了11项"反革命"行为(且多处极刑),其中包括言论、文字的"反革命罪"和"反革命未遂罪"

---

① 许可:《"法院"与"人民"——司法民主再思》,载徐昕主编:《司法》(第3辑),厦门大学出版社2008年版,第69页。

② 蔡维力、张爱军:《走出移植西法困境,回归人民司法传统——对我国司法改革的实证评析》,载《法学评论》2009年第4期。

第四章
如何司法：人民司法在新中国初期的具体实践

等具有相当主观任意性的条文。当时，"革命"与"反革命"被构建为非白即黑、非圣即魔、不是即非的二元对立，二者之间不允许存留任何灰色地带和妥协空间，甚至认为"不革命"比"反革命"更可恶、更危险。国共对立后，两党的很多政策法规都作了相应调整，而对反革命治罪法，两党则基本上原封不动地沿袭下来。南京国民政府方面始称《暂行反革命治罪法》（1928年），其后易名为《危害民国紧急治罪法》（1931年）。国共两党均基于自身的逻辑和策略考虑，将"革命"与"反革命"建构成为一种正义与非正义的两极对峙，并借助暴力等手段，试图来削弱对方，直至剥夺对方存在的合法性。就此而言，"革命"与"反革命"并无客观标准可言，令那些置身政治时局之外的人感到难以识别。① 这是此后反革命条例出台的大时代背景。

不论是1934年的《中华苏维埃惩治反革命条例》，1939年的《陕甘宁边区抗战时期惩治汉奸条例（草案）》，1947年的《东北解放区惩治贪污暂行条例》，还是1951年的《中华人民共和国惩治反革命条例》和《中华人民共和国惩治贪污条例》（以下简称"1951年的反革命条例和1951年的惩治贪污条例"），都具有革命时代的特点，并且，共产党制定的各种反革命条例具有明显的承继性。1951年的反革命条例和1952年的贪污条例几乎沿袭了1934年和1947年的风格，可以说在打击刑事犯罪的问题上，惩治反革命和贪污是主要工作。

---

① 王奇生：《"革命"与"反革命"：一九二〇年代中国三大政党的党际互动》，载《历史研究》2004年第5期。

为了配合当时中央确定的对反革命犯给予"杀、关、管"的严办政策，1951年的反革命条例显得十分粗糙。可见，革命时期所使用的革命法制在新中国建立后的刑事犯罪惩治中被继续推广，以阶级斗争为纲的旗帜不倒，革命政策便经久不衰，而革命年代积累的革命经验在面对同一类敌对犯罪分子时，理所当然被重复运用，而且十分奏效。

镇压反革命运动（以下简称"镇反运动"）是新中国成立初期与抗美援朝、土地改革并称的三大运动之一，整个镇反运动历时三年，从1950年10月开始，一直进行到1953年底。①共历时三个阶段，②从1950年10月到1951年10月是运动第一阶段，采取大张旗鼓发动群众的方式，检举和打击社会上公开的土匪（匪首、惯匪）、特务、恶霸、反动会道门头子和反动党团骨干分子五方面的反革命分子，本节主要结合群众运动重点考察第一阶段的镇反运动。

（一）新中国反革命罪的相关表述

"反革命"原属政治术语，"反对革命＝反革命"也一度成了不容置疑的定式。③毛泽东认为："革命是暴动，是一个阶级推翻一个阶级的暴烈的行动。"④显然，"革命"一词在中国显示出阶级性和暴力性，这样，镇反运动与"阶级斗争

---

① 罗瑞卿：《进一步加强人民公安工作，为保障国家社会主义建设和社会主义改造的顺利实施而斗争——在第六次全国公安会议上的报告》，1954年7月9日。

② 王芳主编：《当代中国的公安工作》，当代中国出版社1992年版，第5—6页。

③ 汤啸天：《"反革命"一词说略》，载《咬文嚼字》2000年第11期。

④ 毛泽东：《湖南农民运动考察报告》，载《毛泽东选集》（第一卷），人民出版社1996年版，第17页。

第四章
如何司法：人民司法在新中国初期的具体实践

运动"画上等号。1979年刑法第90条明确指明了反革命罪的客体是人民民主专政和社会主义制度。无产阶级和广大人民群众要不断巩固和加强人民民主专政，坚持和完善社会主义制度，而反革命分子却总是力图削弱、破坏，以至推翻人民民主专政和社会主义制度，所以革命与反革命的斗争，总是围绕着这两个根本问题进行。① 反革命罪的客体是指向推翻共产党领导下的政权体制，也因此，反革命就意味着反党和反人民。与1979年反革命罪指向党和人民的维度不同，1997年刑法的修订将其改成危害国家安全罪，这一罪名则指向国家维度，党和国有了明确区分，而这一更名，在1989年前后曾引起重大争论。② 回顾1951年的反革命条例，曾被认为是将反革命从一个权宜之计变成了根本的政治任务。人民日报评论认为"有了该条例就可以保证今后在全国范围内有领导地贯彻实行正确的镇压反革命的政策"，③ 该条例无疑是镇反运动法制化的表现，而这一法制化过程也同政治任务紧密相连，因此，反革命罪的指向是具有政治使命（保卫党和人民的革命成果）的特点，而在这一政治任务完成后，反革命罪便能成功易名。

当"反革命"从一政治术语向法律术语转变时，"反革命事件"与"反革命案件"的称谓转换是值得注意的。事件所指向的只是一般意义上的情事状况。当然，事件与案件在法律术

---

① 刘光显：《论反革命罪》，载《求实》1985年第3期。
② 侯国云、李然：《关于更改反革命罪名的风波——建国以来法学界重大事件研究（十六）》，载《法学》1998年第9期。
③ 人民日报社论：《为什么必须坚决镇压反革命》，载《山西政报》1951年第3期。

语中是可以通用的,刑法中也使用无罪过事件,做出这样的区分只是为了说明,镇反运动中发现的一大批"反革命事件",最后都是作为"反革命案件"来处理,这就说明镇反这一政治运动最终是通过法制完成的。因此,当镇反运动通过抓捕审判反革命分子来实施时,革命运动便由法制来统筹了,这一术语的转变正是将革命行动不断法制化的过程和尝试,镇反运动中不断强调"重视证据不轻信口供"① 正是法制意识强化的表现。虽然镇反运动中带有很强的政策指引性,领导人的思想始终起着决定作用,但1951年的反革命条例的出台及后来陆续公布的惩治反革命的政令均是法制化意识强化的表现。政令与法制在新中国建立初期形影不离,法律作为统治阶级意志体现的专政工具在不断强化的过程中,也不断被完善,使得革命时期政令式的惩治方式被后来不断强化的法制化实践所取代,死缓制度的创设,以及审判力求建立在确凿证据、讲究司法程序的实践上将这一法制化过程体现得淋漓尽致。以下,我们主要论述镇压反革命的运动中如何使用法律术语"反革命罪"来进行惩治活动的,首先论述反革命的称谓和反革命罪在法条上的表述。

镇反运动的相当一部分对象为逃亡地主及城乡恶霸,故其与农村土改打杀地主恶霸以及当时的"清匪反霸"斗争往往纠结一团,不易分清,三大运动(镇反、土改、抗美援朝)往往紧密结合,同时进行,因此,反革命与匪霸经常合称。依据新颁布的反革命条例,人们可以将一切土匪、恶霸、流氓、地痞,以及各种帮派会门分子统统纳入"反革命"之列,这就使各界

---

① 卜盛光:《关于镇压反革命工作的报告》,载《湖南政报》1951年第4期。

第四章
如何司法：人民司法在新中国初期的具体实践

民众乃至于多数商人和企业家，很容易联想到过去恶霸横行、流氓当道的情形，进而自觉地把"镇反"与自己切身的利益结合在一起，找到具体的斗争对象，并激发起斗争的热情。① 在更多情况下是，反革命与特务分子经常连在一起使用。杨奎松的研究显示，毛泽东在决定"抗美援朝"的同时下决心镇反，自然有其首先安定国内秩序的现实需要。除各种敌视共产党的旧势力相当活跃以外，仅国民党特务的活动，就对中共后方的安全与军事行动的秘密，构成了巨大的威胁。② 因此，镇反运动首先针对的便是特务分子。湖南零陵反革命纵火事件发生后，人民日报发表社论指出"反革命实际针对的是美蒋特务分子。新中国成立后，（他们）沿着我国东南沿海建立了一条'特务包围网'，十分恐怖。"③ 该评论在表述时使用了反革命"分子"，"分子"意指一小撮人，表明大多数人均是革命分子和拥护革命的同志，并没有使用"罪犯"或者"反革命犯"的称谓，④ 反革命分子即是帝国主义和国民党反动派。"这些分子通过大量训练与派遣特工人员、地下军匪首潜入我国内地与反动的地主恶霸、封建会道门首领及野心不死的蒋党蒋团、溃散

---

① 杨奎松：《新中国巩固城市政权的最初尝试——以上海"镇反"运动为中心的历史考察》，载《华东师范大学学报（哲社版）》2004 年第 5 期。
② 杨奎松：《新中国"镇压反革命"运动研究》，载《史学月刊》2006 年第 1 期。
③ 人民日报社论：《对于反革命的宽容就是对人民的残忍》。需要指出的是该文曾被地方政报积极转载，如《山东政报》1951 年第 4 期，《湖南政报》1951 年第 3 期。
④ 当然也有使用"反革命犯"的，可以参见舒鸿康：《借鉴改造历史反革命犯的成功经验探索改造现行反革命的新途径》，载《法治论丛》1993 年第 3 期。为了分析大众心理和上层话语，我仅使用人民日报的权威报道。

的匪伪军官等相勾结进行反革命破坏活动。"[1]"分子"一词和当今我们经常使用的"罪犯"或者"犯"具有重大区别,"反革命犯"则强调的是不特定的多数,而"反革命分子"强调的是特定的少数,表明"反革命"仅仅是一小部分残余分子,不仅体现了革命的成功,而且说明革命已经获得了绝大多数人的拥护,为了革命的最后胜利,需要彻底清除剩余的一小撮分子。当然,"反革命分子"在当时更多的是作为一个宣传术语,尚未考虑"无罪推定"的刑法价值("反革命犯"反而是"有罪推定"),这一术语的使用不仅使得反革命指向相当清晰(反革命特匪),而且增强了镇反运动获胜的信念(一小撮分子相对于广大人民群众,不足畏惧)。另外,"分子"一词阶级立场十分鲜明——某一分子往往暗含着背后依靠的阶级团体,[2]清晰界定了群众内部矛盾和敌我矛盾,同时,"反革命分子"更口语化和通俗化,更能激发群众镇反的热情。"反革命分子"也意味着"反革命行为"与"反革命罪"是有区别的,并非"反革命分子"都构成"反革命罪",轻微的反革命行为要与真正的反革命罪行相区别,把握好镇反运动"首恶必办,胁从不问"的政策方针,争取到大多数被蒙蔽和被胁迫的"反革命分子",从敌人内部瓦解敌人。总之,

---

[1] 卜盛光:《加强镇压反革命工作肃清美蒋特务匪徒活动——在中南人民广播电台的广播词》,载《湖南政报》1951年第3期。

[2] 当时的学者认为:一切历史反革命分子,也都是和一定的历史反革命组织相联系的,不和一定的历史反革命组织相联系的历史反革命分子找不出来。行为人如果在客观上不具备这个条件,就不能构成反革命罪。参见张智群:《反革命罪的"根本依据"是客观的》,载《理论导刊》1979年第6期。

第四章
如何司法：人民司法在新中国初期的具体实践

"反革命分子"的使用既贴近群众话语，也利于打击敌人，更便于最大程度发动群众。

1979年后多数人便主张将"反革命罪"改为"危害国家安全罪"，关键的理由是反革命罪是在特定情况下的特定罪名，现在国内外环境已经改变，应当修改。[①]这反而从反面证明了反革命罪已经"功德圆满"，反革命罪的命名，通过使用群众耳熟能详的口语化表述，将反革命的口号迅速变成刑名，目的是最广泛宣传反革命条例，发动群众，也最大程度上震慑了反革命分子。当时主张使用危害国家安全罪的观点认为"反革命"为政治术语，并在法条上表述模糊，概念不精确等等，均是在现代刑法理念下思考的产物，"罪刑法定"当然值得肯定，但反观1951年的反革命条例，目的无疑是为了最为迅速地清除一小撮分子，具有极强的实用性，事实证明，这一概念的使用至少在极短的时间内普及到普通民众，争取到了群众的迅速配合，获得了惩治反革命的重大成功。因此，单纯追求法律自身的严谨与完美，忽视法律的通俗和普及是否适当值得反思。

更进一步的是，1951年的反革命条例共21条，其中第3—18条均是简单的刑罚规定，该条例被视为一部纯粹的惩罚条例，并不关注预防和教育的功能，因此，并不能完全用评价刑罚功能的理论去解读。另外一点需要注意的是针对反革命罪所设置的刑罚。1951年的反革命条例所规定的刑罚有死刑、无期徒刑、十年以上徒刑、十年以下徒刑、五年以上徒刑、三

---

① 刘远：《论全面修改"反革命罪"的必然性》，载《河北法学》1997年第5期。

年以上徒刑。该刑罚的设置并没有十年以上徒刑、十年以下徒刑、五年以上徒刑与三年以上徒刑之间的组合，只有单独使用，或者各自与"死刑或无期徒刑"搭配，并且无期徒刑只与死刑进行组合，基本属于死刑的附属选择。死刑只有在第5条是独立使用的，毫无选择可言。这样看来，1951年的反革命条例规定的刑罚无疑是极重的，在可供自由裁量的幅度内几乎只有"几年以上"的规定，十年以下只有第4条，而且是和"死刑或无期徒刑"组合。从整体上来看，该条例完全是反革命罪的法条总和，而且全是重刑组合，从整体上来看，该条例完全是反革命罪的法条总和，而且均是重刑组合，直接表明了对反革命严惩的态度，为各地司法机关大开方便之门，① 也是为了配合当时镇反运动所提出的"杀、关、管"的方针政策。当然，该条例没有过多涉及"管"的条目，而主要针对的便是"杀、关"。同时，条例使用了妇孺皆知的词语，紧密联系群众，以最大限度地发动群众投入镇反运动。

反革命条例颁布后，1951年5月《第三次全国公安工作会议决议》规定"农村杀人不能超过人口比例千分之一，城市以千分之零点五为适宜"。由于一味强调"杀"，在大快人心之时，由于死刑和无期徒刑之间没有缓冲的余地，群众由于一时激愤，很容易出现滥杀，为此，毛泽东创设了"死缓"，即对罪恶深重但没有血债，也没有"引起群众愤恨的其他重大罪行例如强奸许多妇女掠夺许多财产者，以及最严

---

① 杨奎松：《新中国巩固城市政权的最初尝试——以上海"镇反"运动为中心的历史考察》，载《华东师范大学学报（哲社版）》2004年第5期。

第四章
如何司法：人民司法在新中国初期的具体实践

重地损害国家利益者"实行"判处死刑缓期二年执行，在缓刑期内强制劳动，以观后效的政策"。①"缓"字类似于古代的"缓决"，这一中国独创的刑罚并非是对"严惩"的缓和，反而类似于"刀下留人"，同时，对于此类群众愤恨极大的分子，加上"死刑"二字，有助于最大程度平息群众怒火，否则单单选择"无期徒刑"而不"杀"有损党和政府在群众中的威信。中共中央强调"这个方法既可以避免犯错误，又可以获得广大社会人士的同情，还可以分化反革命势力，同时还能够保存大批的劳动力，一举数得，因此，应尽量推广实行。包括农村中的反革命，除了人民要求杀的人必须杀掉者外，有些人亦应采取判死缓的政策。"②这一刑罚方式的创设，不仅及时控制了镇反扩大化的趋势，而且也最大限度配合了群众运动，同时也证明，法制化过程是在不断实践中推进和完善的，而非一朝之功。总之，不仅在政策宣传还是在法制规划上，镇反运动的实施都体现着共产党和群众之间的协同和"共谋"。

---

① 毛泽东指出：这些人"没有引起群众痛恨的血债或其他重大罪行。他们损害国家利益的程度是严重的，但还不是最严重的。他们犯有死罪，但群众未直接受害。如果我们把这些人杀了，群众是不容易了解的，社会人士是不会十分同情的，又损失了大批的劳动力，又不能起分化敌人的作用，而且我们可能在这个问题上犯错误"；而对这些人执行"死缓"政策既可以获得广大社会人士的同情，又可以分化反革命势力，还可以保存大批的劳动力，利于国家的建设事业。《建国以来毛泽东文稿》第 2 册，中央文献出版社 1988 年版，第 281 页。

② 《中共中央关于处理党、政、军、群团体内反革命分子问题的指示（1951 年 5 月 8 日）》，载中共中央文献研究室中央档案馆"党的文献"编辑部编：《共和国走过的路》，中央文献出版社 1991 年版，第 246-247 页。

（二）新中国初期反革命罪的惩治

1. 行政先行

1950年7月23日发布《政务院、最高人民法院关于镇压反革命活动的指示》确定了反革命"镇压与宽大相结合"的政策。但由于认识上的原因，各级党组织和政府在初期出现了"宽大无边"倾向，引起群众对政府的不满。对反革命工作中普遍存在"宽大无边"倾向，时任中南军政委员会公安部部长的卜盛光认为这种偏向是"右倾"，可以说从这一定性始，镇反到了最严厉的阶段。正由于中南地区严厉的镇压，反革命分子气焰大为下降，群众欢欣鼓舞，拥护政府，到处反映"共产党睁开了眼睛"，"这才像革命的样子"。① 镇反一开始在在党和政府的领导下以运动的形式发起的，因此，在邓子恢看来，镇反要将行政力量和群众力量结合起来，第一阶段的镇反运动正是以行政镇压反革命为主的。② 因此，解决宽大无边的关键在于领导，领导要明确先打"怙恶不悛，罪大恶极"之人，以取得杀鸡吓猴的功效，因此，1951年的反革命条例的颁布在一定程度上是为了纠正"宽大无边"的倾向，目的是提供法律准则和量刑标准，为严厉镇反服务，司法机关使用反革命条例审判只是对镇反运动收尾，关键在于党和政府的"严打"，这样，司法机关尤其是法院一开始便在镇反运动中作为附属机构，镇反运动的宣传首先关注的

---

① 卜盛光：《加强镇压反革命工作肃清美蒋特务匪徒活动——在中南人民广播电台的广播词》，载《湖南政报》1951年第3期。

② 《邓子恢同志在中南党政机关干部会上关于镇压反革命学习总结报告》，载《江西政报》1951年第5期。

第四章
如何司法：人民司法在新中国初期的具体实践

便是党、政、军和群众，法院在宣传报道中是不在场的。"①

在镇反运动的权力分配上，法院也是被忽略的。由于1951年的反革命条例本身规定的模糊反倒给了各地镇反实践很大的自由空间，再加上定下的死刑数额任务，滥杀现象有些严重。为此，为了控制镇反运动进一步扩大，中央果断采取措施，将生杀大权进一步规范，1950年10月10日中共中央发布《中央关于纠正镇压反革命活动的右倾偏向指示》规定"在判处（反革命分子）死刑时，党内必须经过省委、大市委、区党委及受委托的地委批准。其中如有特别重要分子，则须报告中央批准。"1951年5月，鉴于有的地方出现了滥捕滥杀现象，毛泽东严厉指示："六月一日起全国除现行犯外，捕人批准权一律收回到地专一级，杀人批准权一律收回到省级，离省远者由省级派代表前往办理，各地一律照此执行。"杀人权被收归到省级，有权批准的机关并非省级司法部门（法院），而是党委，这与当时极其危急的政治社会环境密切相关，《第三次全国公安工作会议决议》也进一步规定："对于在党内，人民政府和人民解放军系统内，在文化教育界，工商界，宗教界以及各民主党派和各人民团体内清出的反革命分子，其捕人和判罪应一

---

① 为了使美、蒋特务匪徒反革命的严重罪恶家喻户晓，必须大张旗鼓，广泛而深入地进行宣传，因之必须党、政、军、群众团体等一致动员起来，在宣传中应当着重关注以下内容：1. 必须反复说明镇压反革命的必要性；2. 必须反复说明镇压反革命的正义性；3. 必须反复说明镇压反革命的严肃性；4. 必须反复说明人民力量的无比强大。在进行宣传时必须反对空话连篇，名词堆积，以上根本目的是充分揭露反革命分子的具体罪行，以教育启发群众。参见江西日报社论：《大力展开镇压反革命的宣传工作——祝江西省人民反特展览会的开幕》，载《江西政报》1951年第5期。

律报请大行政区或大军区批准,有关统一战线的重要分子,须报请中央批准。"这一切的政策指示均出自于党和政府部门,至关重要的批捕和审判权的归属也在政府,法院未曾露面,党和政府始终处在镇反运动一线。镇反这一特殊的程序完全在党和政府主导下展开,我们或许可以称之为"政治司法程序"。

司法机关尤其是法院到底在镇反运动中扮演什么角色?甘肃省政府发布的指示可以提供答案。该指示第1条规定"各级人民政府今后对各级人民司法机关必须加强领导,对于处理反革命案件,尤应及时督促检查和指导协助,并应定期听取司法机关的工作报告。关于反革命案件的处理亦必须定期向本府报告。"司法机关虽然保留了对案件的审理职能,但始终是在政府指导下运作。紧接着在第2条中强调"各级人民政府要积极发动各机关、团体,特别是广大群众对反革命分子作侦查检举。在人民司法机关具体审理反革命案件时,并应组织各方面力量帮助搜集材料,调查证据,提供意见"。司法机关要依靠群众提供证据并听取处理意见,这种"联合作战"的综合惩治模式,与"运动式"的镇反密不可分。在第3条才出现了对法院的要求,强调"今后公安司法检查机关应建立经常的工作联系制度,各方密切配合,收集材料证据,法院尤须迅速判处,必要时可召集公安、检查(察)机关人员讨论有关反革命案件的处理问题。"①在这种从快从速的审判要求下,法院反倒必须依赖公检机关,方能迅速进行反革命治罪,公检机关的处理

----

① 《甘肃省人民政府关于加强镇压反革命活动的指示》(府法字第197号,1950年11月30日),载《甘肃政报》1951年第1期。

第四章
如何司法：人民司法在新中国初期的具体实践

意见成了法院审判的依据，法院成为行政主导惩治反革命的最后收尾工作，完全沦为行政的配角。

2. 群众控诉

在《第三次全国公安会议决议》中，毛泽东总结出一套行之有效的镇反工作路线，这就是"党委领导，全党动员，群众动员，吸收各民主党派及各界人士参加，统一计划，统一行动，严格地审查捕人和杀人的名单，注意各个时期的斗争策略，广泛地进行宣传教育工作，打破关门主义和神秘主义，坚决地反对草率从事的偏向。"①1951年3月20日，毛泽东在《转发北京市委关于人民群众拥护镇反的情况报告》上批示："凡工作好坏，应以群众反映如何为断。"民意民情被认为是镇反定刑的重要标准。而如何反映收集民意民情，最为直接有效的方式便是让群众直接参与镇反运动和反革命审判。1951年4月7日，毛泽东在一份报告上批示："在大中城市中，在各工厂、各学校、各机关、各里弄（街巷和胡同）建立群众的肃反委员会，有检举控诉和监视反革命分子的权力。"②肃反委员会有了控诉权，而且肃反委员会在各个单位组织均有建立，这就意味着为尽最大可能发动群众，镇反运动在全国但凡有群众组成存在的地方均建立了严密的依托群众的监视网络。第三次全国公安工作会议又决定"全国各地，必须在此次镇压反革命的伟大斗争中普遍地组织群众的治安保卫委员会。……此项委员会受基层政府和公安机关的领导，担负协助人民政府肃清反革命、防

---

① 《建国以来毛泽东文稿》，中央文献出版社1988年版，第300页。
② 《建国以来毛泽东文稿》，中央文献出版社1988年版，第263页。

奸、防谍、保卫国家和公众治安的责任。"① 治保委员会的职责是清理积案、管制一般反革命分子、处理群众的检举密告、组织教育群众等，② 可以说治保委员会的工作涉及到了镇反运动的方方面面。若说治保委员会的成立意味着镇反运动已深入到农村基层社会，那么肃反委员会的成立则是将镇反运动推向了城市基层社会。这无不表明，两个委员会的设立将本来由公安司法机构来承担的镇反职责转移到了全社会，以形成"老鼠过街人人喊打"的社会氛围，完全贯彻了镇反运动的"群众路线"。这仅是镇反运动的侦查发现阶段，在具体审判镇反运动时，也充分发挥了群众的力量，各地的群众斗争会，控诉会相继展开，成为法院审判的"前置程序"，北京市镇反运动的片段可清晰展现群众控诉会的场景：

"1951年3月24日，北京市在中山公园举行各界代表联席扩大会，参加者有5000多人。199名反革命分子一一押赴会场，接受人民的控诉和审判。工人孙鸿全、农民苏维平、妇女尚林武、教授徐英超、中学生刘鹏志等18人悲愤地控诉了国民党特务、惯匪、反动会道门匪首王凤巢、王建枢、冷少颖、陈子彬、刘清泰等滔天罪行，一再要求人民政府处他们以极刑。

第一个走上台去的，是被特务、著名黑枪手王凤巢勒昏死过去8次的洪兴厂工人孙鸿全。王凤巢本是冀中河间一带的大土匪，专门替恶霸地主打黑枪，50块现洋

---

① 《建国以来毛泽东文稿》（第2册），中央文献出版社1988年版，第300页。
② 黑龙江省公安厅：《进一步发挥群众镇压反革命的积极性加强治安保卫委员会工作》，载《黑龙江政报》1951年第8期。

第四章
如何司法：人民司法在新中国初期的具体实践

就可以收买他杀害一条人命。这样被他杀害的有孙凤鸣等98人。抗日战争时他又投靠日本人，带领伪军血洗河间7个村庄，杀害同胞400多人。日寇投降后他又当了国民党军统特务，公开在北京南郊一带结伙绑票杀人。解放后仍不悔过，收罗一批特务和散兵，继续为非作歹。孙鸿全说：'像这样罪大恶极的反革命分子，人民政府必须严厉惩办，才能给我和以前在河间一带被他杀害的400多个同胞报仇。'

"尹兆琴控诉了中统特务刘清泰活埋她母亲的罪行后，痛哭着喊：'同志们，我们要想想，这样的坏家伙，我们该不该枪毙他？！'

"'该！''马上枪毙！'台下大呼起来。

"被押到台前的反革命分子，一个个体若筛糠，惊恐异常。

"3月25日，北京市公安局将199名美蒋特务、惯匪、恶霸及反动会道门头子分押几个刑场执行枪决。"①

这次群众控诉会采取的形式是以群众代表组成的联席扩大会议，共审判199名，选取了具有代表性的18名直接或间接的受害人进行控诉，受害人几乎涵盖了社会各种身份——工人、农民、知识分子、妇女、老人和青年等，受害波及广泛，被告人包括国民党特务、惯匪、反动会道门等，这些被称为罪大恶极之人往往牵涉多起命案，可谓民愤极大。因此，在群众

---

① 《漫天狂飙扫邪恶——建国初期北京市镇压反革命斗争的几个片段》，载《北京支部生活》2000年第4期。

的眼里,此类反革命分子一旦伏法,惩罚的手段往往是"以牙还牙、杀人抵命或者杀人以泄众愤",群众的正义观里只有"杀"或"不杀"的区分,没有"无期徒刑"或"十年以下"的概念,虽然控诉的反革命分子均是在被掌握证据的情形下而被事先选定的,几乎所有都足以判处死刑,但经过如此声势浩大的控诉会,百姓眼里只剩下了"杀"的概念,对反革命分子的惩处中也仅留下了"杀"的字眼,这对此后的滥杀和进一步的法制化是有负面效应的。会后的第二天便公开处决了全部罪犯,处理之快可谓神速,刑罚的及时性得到了很好的体现。但这次会议给人的感觉仅是为了宣传教育,控诉会也仅是形式而已,在接下来的1951年5月16日下午,北京市第九区各界人民代表会议协商委员在天坛举行控诉"三霸一虎"罪行大会,参会人员多达3万。每逢控诉的人问及"这恶霸该怎么办"时,台下3万多人立刻暴雷似的回答"枪毙!"当军管会军法处的代表和第九区区长宣布,政府一定接受大家的意见,依照惩治反革命条例惩办时,全场响起一片欢呼。① 这次会议并没有当即宣判,只是保证接受大家的意见,依照条例办理,更没有像上次会议一样第二天立即处死,会议完全由群众自由参加,群众真正行使了控诉的职能。这两次大会的组织者也值得注意,第一次以"代表联席会议"的形式召开,时任公安部部长的罗瑞卿做《关于彻底肃清反革命的破坏活动》后方才进行对反革命分子的控诉,扩大会议和群众代表控诉合二为一,在彰显会议民主的同

---

① 《漫天狂飙扫邪恶——建国初期北京市镇压反革命斗争的几个片段》,载《北京支部生活》2000年第4期。

第四章
如何司法：人民司法在新中国初期的具体实践

时也充分表明了政府"雷厉风行，言行必果"的铁腕态度，便于镇反的继续深入。第二次是由军管会军法处和政府组织，所有群众可以自由参加，并不限制人数，当时的军法处也行使法院职能，因此，第二次会议是有司法机关参与的。这样，反革命分子既可在没有司法机构参与的情况下也可以在有司法机关参加的情况下被政府和群众控诉，也正是这样，才真正体现出"群众"审判主体的地位，第二次群众可以自由参加的控诉会可以说是一个"真正的民主法庭"。

湖南株洲的经验认为，"政府根据掌握的材料，先逮捕一批反革命分子，召开群众大会，控诉敌人罪行。壮人民的胆，灭敌人的威。全镇先后召开控诉会近百次，发动受害最深的群众，控诉反革命罪行。台上，控诉人声泪俱下，台下，群众义愤填膺。"[①]我们发现这些会议均是"控诉会"，并非称之为"公审会"，这就不难理解这些控诉会议为何可以在没有司法机构主持的情况下而召开。同时，这些会议的名称虽然使用了"控诉会"而非"公审会"，但遵照群众路线的指示，民意在后来的审判中确实发挥了关键作用，名为控诉会，实为公审会，控诉会往往和公审会合二为一，或者同时进行。人民日报的社论认为"许多地方都开了几千人、几万人、甚至于几十万人的大会，控诉与公审那些反革命分子，我们只听到群众一片怒涛，要求立即处决反革命分子，并且有许多群众纷纷责问为什么还有很多反革命分子没有被逮捕与处决，却没有听到有谁提出捉错或杀错了人的。还有什么缘故呢？……这难道不是证明人民

---

① 黄文：《株洲镇压反革命运动纪实》，载《湘潮》1988年第10期。

的眼睛是雪亮的,是善于辨别是非,分清敌友的吗?"① 可见,控诉与公审的结果几乎一致,但法院作为司法机关必须为镇反运动最后"收场",提供最后一道正义的防线。

3. 法院出场

1950年12月,皖北人民行政公署发出了《关于简化诉讼手续及时镇压反革命活动的指示》,要求:"各级司法机关应摆脱一般案件的审判,首先集中力量审判反革命案件。"为此,各地人民法庭审判反革命案件,普遍实行了群众路线的审判方法,即通过农代会、诉苦会、积极分子会及小型的群众会,搜集与核对反革命分子的罪恶事实,并让群众讨论提出处刑意见,然后召开斗争会和公审大会,依法作出判决。斗争会由农会主持,苦主对审判的对象进行诉苦,提高农民的阶级觉悟,激发群众的怒火,在群众要求将被告交由人民法庭公审时,即将斗争会的会场,转变为公审大会,由人民法庭主持,根据斗争会上苦主诉苦的材料,讯问被告,即时宣判。可见斗争会和诉苦会、控诉会一样,都是公审会的前奏,真正的公审会依然由司法机关(法庭)组织,法院在公审会时才正式出场,不过法院在出场前要充分征求群众意见,听取群众处刑意见。中南地区确定捕人杀人的批准手续和权限时规定"一切政治性的反革命案件,由公安、司法机关处理,武装土匪案件由军事法庭处理,恶霸、地主及一切破坏土地改革案件则经过人民法庭处理。"② 可见,人民法庭处理的是破坏土改的案件,这些案件均归在反革命的

---

① 人民日报社论:《再论镇压反革命必须大张旗鼓》,载《江西政报》1951年第5期。

② 卜盛光:《关于镇压反革命工作的报告》,载《湖南政报》1951年第4期。

第四章
如何司法：人民司法在新中国初期的具体实践

名下，反革命罪能够涵盖破坏土改等行为，使得广大基层群众尤其是农村基层群众的广泛参与成为可能。怎样才能做到准确打击反革命分子呢？"一方面要靠广大群众的控诉和检举，一方面又要靠政府公安、司法部门的侦查、调查和审讯，二者相互结合，不可偏废。"① 具体到云南，"根据中共云南省委指示，全省先后在106个市、县成立了反革命案件审查委员会，由各阶层、各民族推选的委员，行使人民赋予的权力，对反革命案件进行逐案审查，提出意见后交由政法机关依法审理，所有依法批捕的反革命案犯，都由人民审判机关或军事法庭根据中央的政策，分别罪恶轻重、民愤大小予以惩处。"② 无论是皖北还是云南，群众委员会或者斗争会享有先行审查案件并提出处理意见的权力，而后法院方才出场，据此审理判决。

天津的做法则有些许不同，在1951年9月下旬，天津市法院从清理出来的一批反革命案件中挑选了与本地群众直接有关的，比较有教育意义的543件，分别提交各区的各界人民代表会，由各界人民代表及个别被害家属逐件认真地进行审查，全市十一个区，先后三天审查完毕，法院审讯反革命案件的全体审判员列席参加了会议。八区一个代表感慨道：这真是人民政府，什么事都要人民自己来讨论。另一位代表认为以前完全不知道什么是民主专政，现在完全知道了。在小组、大组和全体大会上反复讨论，追究准确的量刑标准，从七个区和铁路公安段在两天中审查的393件案件来看，经审查后与审讯员所提

---

① 山西日报社论：《镇压反革命，人人有责》，载《山西政报》1951年第4期。
② 杨兴林：《解放初期云南的镇压反革命运动》，载《云南支部生活》2009年第11期。

初步意见有变动的约占 30%，其中提出修改意见的 105 件，占 26.7%，悬案的 15 件，占 3.8%。修改意见中一般都是加刑，减刑的是极个别的，因为代表们在很多案件上都提出了补充材料，因而加重了量刑。同时，代表们也纷纷检举隐藏的反革命分子，指责法院"不放松一个坏人做的还不够"。[①] 可见，天津的做法则是由法院预先筛选出代表性的案件交由人民代表会审查，从而接受群众监督，听取群众意见，而后再做判决。纵使法院的意见虽然大部分被采纳，但也有近 1/3 的案件被改判，但法院的判决必须得到人民代表的认可，会后审判人员普遍感到，"过去是坐在办公室里写判决书，对群众的心情体会不够，每个判决都很难使群众满意，参加了这个会后给今后的正确量刑提供了有力的参考，同时，在工作方法上也给了新的启示，过去总认为反革命案件不能到群众中去审判，会后这种想法得到了有力的批判，我们感到今后有重点的选择在当地群众中影响较大，有深刻教育意义的案件，就地吸收居民代表等人参加，就能一方面及时的征取群众的意见作为判刑的参考，一方面具体的教育了群众。"[②] 不论是人民先审，还是法院先审，最终的落脚点必须是人民判决，法院也成了名副其实的"人民法院"。

（三）政治性和人民性的实践统一

在当下司法独立的观念下，法院在镇反中有意或无意被忽视，人民群众作为最广泛的诉审群体成了反革命治罪的主体，

---

① 《关于区各界人民代表会议审查反革命案件的报告》，载《天津市政》1951 年第 29 期。
② 《关于区各界人民代表会议审查反革命案件的报告》，载《天津市政》1951 年第 29 期。

第四章
如何司法：人民司法在新中国初期的具体实践

这一治罪程序根源于"群众的眼睛是雪亮的"这一被广为认知的道理。纵然法院的权威被忽视，但真正意义上的"群众审判"得到了实现。反观1951年前后的镇反运动，共产党在这一行动中始终"迎合"群众的心理，通过广泛的宣传教育，取得了巨大胜利，这当然反映了镇反中的群众智慧。在宣传和抓捕反革命的过程中，"群众"被广泛发动，使得群众被不断"规训"为镇反运动的主力军。同样在镇反的过程中，群众被不断"规训"为诉审的主体，因此，以群众理解和认同为主导的反革命治罪当然会或多或少忽视法制的规范化表述（法律术语）和法制的规范化实践（法律程序）。①这与时下的法治观念是极不相称的。强世功指出新中国法制始终处在革命的背景之中，将基于"千万不要忘记阶级斗争"这一判断的"运动的治理"发挥到了极致，"运动的治理"就是"无法的治理"，"无法"恰恰是"法无所不在"，由此导致了"惩罚社会"的兴起以及"惩罚的弥散化"。②惩罚的弥散化正是将实施惩罚的主体赋予人民群众，通过一系列的政令来得到执行，但1951年镇反实践至少表明，反革命条例必须制定，法院在最后必须出场，因此，我们不妨把这一过程看作是通过法律的治理形式与发动群众的民主精神紧密结合的例证，即使法律形式服务于政治需要，但在这一过程中，法制化的进程确实得到了推动，人民群众也能广泛理解

---

① 我们这里并没有使用黄宗智教授提出的"表达"与"实践"的概念，因为本书所论述的法律术语既有表达又有实践。有关"表达与实践"的提法参见［美］黄宗智：《清代的法律、社会与文化：民法的表达与实践》，上海书店2007年版。
② 具体参见强世功：《惩罚与法治——当代法治的兴起（1976—1981）》，法律出版社2009年版。

法院的定位和角色扮演，这无疑是值得肯定的，此其一。

其二，镇反运动作为一个政治运动，在全国兴起了一系列的镇压"反革命事件"，但最终则是作为"反革命案件"处理的，而并非是采用革命时期简单的打杀形式，依然强调重证据的司法程序。虽然法院在这一运动中并非主导——当然，即使在当今倡导司法独立的理念下，法院依然不能主导整个程序，只是说法院的角色并未很好地随着运动的展开在媒体宣传和制定的政策中向人民充分表达，这导致了群众对法院功能的偏见乃至忽视，相反党和政府在这一运动中扮演着主角。这固然对于巩固党和政府在群众中的地位十分重要，尤其是在开国之初，但经历这样的运动后，在大众眼里，法院被视为党和政府的专政工具，并不是代表正义的最后防线。相反，党和政府才能真正主持公道，不能不说这一观念的形成对当下法院的角色定位具有重大的负面影响。

其三，我们用当代法治的视角来分析1951年前后的镇反运动，纵然会有多少负面评价，但我们不可否认的是镇反运动所取得的积极效果。新中国建立初期，在废除六法全书，一切皆无法可用的时期，共产党如何借用革命时期的群众路线经验，通过发动群众运动，来实现如同有完善的法制体系的社会治理效果，这一过程对于我们当前市场经济法制体系基本建立的初期依然具有重要参考价值。法律在当时依然秉承"从群众中来到群众中去"的革命经验，纵然颁布了反革命条例，但前前后后党和政府发布的指导镇反的政令十分之多，目的是在实践中反复摸索从而最有效地实施镇反。正是由于这样的适时调整，才使得反革命不至于被"扩大化"，[①] 这种调整也是坚持群众

---

① 李格:《镇压反革命运动述评》，载《第七届国史学术年会论文集》，第41页。

第四章
如何司法：人民司法在新中国初期的具体实践

路线的实践经验，因此，当下我们在注重法律稳定性的同时也需要强化对法律变动的认识。同时，1951年前后镇反运动过程中使用的都是通俗易懂的词语，甚至有大白话出现，这些术语无论是为了宣传的需要还是为了惩罚的需要都立足于群众心理，使得镇反根本不需要进行如同当代一次又一次的普法宣传。加上1951年的反革命条例十分简短，可谓主题鲜明，能够在当时识字率并不高的新中国初期迅速普及，为赢得镇反运动的胜利打下了基础。可以说1951年的反革命条例不仅仅是一部法律准则，更是一篇宣传檄文，这种立法的通俗性和有效性也值得当前立法者反思。以上三点都是人民司法所代表的新中国司法文明所追求的当然目标。

最后，1951年的反革命条例无论是在当时还是在当今均可被视为一部紧急状态法，它用赤裸裸的惩罚式表达，同其他政令一起使用，取得了立竿见影的效果，并不能因为它的简陋和政治化而一味求全责备。1979年刑法对反革命的规定同1951年的反革命条例相比，可谓历经从特别化向一般化的转变，这一转变也可以说是从"惩罚"向"法治"的转变。回顾1951年前后的镇反运动，我们难以想象若没有当时"惩罚"的实践，我们就难以理解"法制"的重要（当时因为没有明确的标准，使得在镇反运动中出现了宽大无边的倾向即是明证），也就不能很好地推动"人民司法"的进程。因此，从1951年前后镇反运动过程中我们或多或少可以找到与当前法制或法治相关的积极因子，因此在评价反革命条例甚至该时期其他条例时不应当根据现行刑法的标准去妄加评判，要"具体情况具体分析"。

四、党法关系与审判独立：新中国司法文明建设的难点

在现代法治社会中，司法应该是社会公正的最后一道防线。但在中国目前的社会现实中，司法的这种作用并没有真正发挥。民众的上访、党委、政府等的干预都可能使司法裁判的终局性和权威性丧失。如果司法权之上还有更高的权力，司法判决缺乏终局性，那么司法的威信必定难以树立。比如信访制度的存在导致了"信访不信法"的现象，损害了司法公信力。

我国的宪法和法律都规定了法院独立行使审判权的原则，宪法第一百二十六条规定：人民法院依照法律规定独立行使审判权，不受行政机关、社会团体和个人的干涉。我们党也多次强调要实现审判独立，但是很多现行制度安排不利于这一原则的贯彻，法院在财权、人事等方面受制于政府和党委等机关、团体的制约。虽然我们强调党的工作与司法工作在为人民的利益服务上的一致性，但是，在现实中还是会遇到党委的意见和司法意见不一致的情况，司法机关通常会迁就党委。于是，理论上的一致性在现实中遇到了矛盾的反例。因此，我们在阐明党与司法的一致性的时候，也要面对这种现实。

以董必武为代表的老一辈中国共产党党员，向来注意正确处理党政关系，多次强调党政分开的重要性。改革开放后，从党的十三大开始就积极推进党政分开。党政分开的核心要求就是执政党要实现自己的意志必须通过法律途径，由国家的政权机关来实现。这其中党与司法的关系是一个关键，是现代法治国家里的一个基本的问题。在我国的具体政治实践中，就是中国共产党作为执政党应该如何领导司法机关，应该如何科学定

第四章
如何司法:人民司法在新中国初期的具体实践

位党与司法的关系。面对现实中的诸多党法不分的情况,从理论角度来进行细致分析是必要的。

(一)政党与司法的距离

1. 政党与司法之间的关联不可避免

政党与司法有着不可避免的关联。当今,世界各国普遍采取政党政治的模式,在这种模式下,政党是国家政治活动的核心,司法的运作作为国家政治格局的一部分,不可避免地要受到政党的影响。

美国是一般认为的现代法治国家,虽然它与我国的社会制度有本质上的区别,但是在法治建设的道路上,仍不无可资借鉴的地方。在美国的政治实践和司法运作中,政党与司法之间实际存在着相当程度的关联。

以美国联邦最高法院法官的选任为例,我们可以清楚地看到这种关联的存在。美国法官的选任采取任命制的方式。根据美国宪法,联邦法院法官必须由总统提名经参议院三分之二多数同意后任命。总统往往要提名本党成员作为候选人以增强本党在最高法院的力量,他们一般都不会从反对党派中选择法官。总统常常任命同党的人做法官,将他们作为实现其政治抱负的重要依靠。在此过程中,几乎每个总统都必须考虑的因素有以下几点:(1)总统的选择是否让他在有影响力的利益群体中更受欢迎;(2)被任命者是否为总统所在政党的忠实成员;(3)被任命者是否支持总统提出的计划和政策;(4)被任命者可以接受或者至少与其所在州的上议院成员没有私人恩怨;(5)如果被任命者有司法记录的话,其司法记录是否符合现任总统的宪政标准;(6)总统在过去的政务中是否受过被任命者的恩惠;(7)总统是否对其选择感觉"良好"而"放心"。①我们从第2、3、5点可以看出,政治与意识形态的兼容性常常如影随形,共同影响着总统关于联邦最高法院法官的选择。

总统一般不会选择在政治上与之对立的人,这是任命法官过程中的不成文规则。前参议院共和党领袖德克森在谈到总统任命自己的朋友为法官时曾坦然地说:"你决不会偏偏去找来一个敌人,把他安插在最高法院里。"②虽然法官本人标榜中立,与政治无争。但是,总统提名大法官候选人的重要考虑就是他的政治倾向和司法哲学。因此,"从提名者(总统)的党派可以看出大法官大体的党派构成。在115位任命成功的席位中,共和党总统任命的大法官有54位,民主党任命的39位,联邦党人13位,民主共和党人(杰斐逊共和党人)7位,辉格党人2位。在最高法院最初的70余年中,总统们一直都是选任与自己属于同一党派的大法官。"③美国著名法律学者戴维·M.奥布赖恩明确表示:"任人唯贤(meritocracy)只是一个神话,现实中的每一次任命都是政治性的。个人才能必须与政治上的考量相抗衡,必须权衡国会与白宫中的支持或反对势力,提名的候选人还应该在地理、宗教、种族、性别与族裔等方面具有代表性。作为总统,在选任大法官时,最看重的是候选人的政

---

① [美]亨利·J.亚伯拉罕:《司法的过程》(第7版),泮伟江、宦盛奎、韩阳译,北京大学出版社2009年版,第75—76页。

② [美]威廉·曼彻斯特:《光荣与梦想:1932—1972年美国实录》,(第4册),商务印书馆1980年版,第1页,第598页。

③ 任东来、胡晓进、江振春、颜廷等:《最有权势的法院——美国最高法院研究》,南京大学出版社2011年版,第169页。

第四章
如何司法：人民司法在新中国初期的具体实践

治倾向与司法理念，而非专业素质与业务水平（当然，候选人一般在这方面都没什么大问题）。"①

因此，西方社会虽然标榜司法独立审判，至少在形式上要求司法工作不受执政当局和其他政治势力的左右，但这并不能使司法过程不受具体审理个案的法官本人的政治倾向和政治观点的影响。因为，"脱离政党政治的绝对意义上的司法独立审判在现实中是不存在的。"②

在政党政治的环境下党与司法的关联是不可避免的。那么，具体到我国的政治现实中，我们大可不必为党对司法的领导而有所犹豫或者忌言，因为我党始终主张法制建设必须加强和改善党的领导。以董必武为代表的早期共产党人已经指出："进一步加强人民民主法制更重要的还在于加强党对法制工作的领导。"③基于该指导思想，在早期司法文明建设过程中，就十分关注如何处理好党和政府、司法机关的关系以及如何实现党对司法机关的合理有效领导。

在法制实践中，中共始终强调必须坚定不移地加强党对司法工作的领导。"进一步加强人民民主法制，更重要的还在于加强党对法制工作的领导。各级常委必须把法制工作问题列入工作议程，党委定期讨论和定期检查法制工作，都是迫切需要的。"④

---

① ［美］戴维·M.奥布赖恩：《风暴眼：美国政治中的最高法院》，胡晓进译，任东来校，上海人民出版社 2010 年版，第 40 页。

② 封丽霞：《政党与司法：关联与距离——对美国司法独立审判的另一种解读》，载《中外法学》2005 年第 4 期。

③ 《董必武选集》，人民出版社 1985 年版，第 421 页。

④ 《董必武法学文集》，法律出版社 2001 年版，第 354 页。

就司法工作而言，新中国建立之初，"司法工作整个来说，是在党委领导下逐步建立和发展起来的。"① 而在司法工作中坚持党的领导，重要的就是坚持司法工作为经济建设服务的方针，注意克服法院系统中存在的曲解审判独立、孤立办案的不良作风。② 1957年召开的全国司法会议只是解决了一个问题，即要听党的话。法院组织系统只是到县一级，法院机构也不像行政部门的上下级那样密切。在各级地方法院工作中，"主要是靠地方党委领导，假使上级法院与地方党委的意见不一致，你们应该服从党委。法院离开党委的领导要想前进一步办法是不多的。"③ 因此，坚持党对司法工作的领导，这是一条基本的政治原则，绝不能有任何动摇。

2. 司法自身的规律要求政党与之保持一定的距离

另一方面，司法有着自己的规律，要实现司法审判的独立、树立司法的公信力，需要政党与之保持一定的距离，二者的关联应该限定在合理的范围之内。

在西方法治社会中，司法独立是基本原则。"谈得最多的三个国家中（英国、法国和美国），它们对司法人员的选举及任用的指导性规则都向我们展示了一个共通的观念：法官应当是中立的，因此应该被赋予独立、安全和职业尊严的保证。"④

在美国的司法实践中，政党虽然与司法有着关联，但是司

---

① 《董必武法学文集》，法律出版社2001年版，第312页。
② 《董必武法学文集》，法律出版社2001年版，第248页。
③ 《董必武法学文集》，法律出版社2001年版，第418页。
④ [美] 亨利·J. 亚伯拉罕：《司法的过程》（第7版），泮伟江、宦盛奎、韩阳译，北京大学出版社2009年版，第22页。

第四章
如何司法：人民司法在新中国初期的具体实践

法在运作中享有较大的相对于政党的独立空间。政党一般是禁止在司法领域活动的，政党不得向司法机关和法官直接发出指令，司法机关内不允许存在政党的组织。政党对于司法过程的具体运作、程序细节处理以及个案的裁判，一般都采取敬而远之的态度。美国政党的这些做法都是为了避免妨碍司法公正之嫌，并以此欲在整个社会营造一个独立公正的司法空间。美国1924年《司法伦理规范》第14条对此作出明确规定："法官不应因党派的要求、公众的喧扰或个人的声望或声誉之顾虑而动摇，不应注意不正当的批评。"①

虽然，诚如上文所述，对联邦最高法院法官的任命过程充满了政党政治的色彩。可是法官一旦被任命就会脱离政党的影响。美国总统们对其任命的联邦法官的期望和预想，不止一次地被历史证明是一厢情愿。"在最高院历史上再没有什么比那种希冀法官追随任命他的总统的政治观点的希望幻灭时的景象更引人注目了。"②西奥多·罗斯福总统非常不满著名大法官霍姆斯在反托拉斯案件中"反政府"的裁决结果，申明对霍姆斯的任命是他"犯了任内最大的错误"。③可以看出，法官被任命后是独立于以总统为首的政党意志的。"即便那些任命法官的人有试图影响法院的权力，但他们对法官

---

① 宋英辉、郭成伟：《当代司法体制研究》，中国政法大学出版社2002年版，第59页。

② [美]亨利·J.亚伯拉罕：《法官与总统部任命最高法院法官的政治史》，刘泰星译，商务印书馆1990年版，第60页。

③ 封丽霞：《政党与司法：关联与距离——对美国司法独立审判的另一种解读》，载《中外法学》2005年第4期。

人民司法：
司法文明建设的历史实践（1931—1959）

的直接权力在作出任命之时便烟消云散了。"[1]可见，在美国的政治实践中，司法的规律得到了尊重，司法保持了对于政党的独立性，因此得以树立强有力的权威和公信力。而司法独立审判背后则是有着制度的支撑，比如法官终身任职、薪酬固定等制度。

正是基于对司法自身规律的尊重，革命法学家也十分强调司法机关的独立审判。在中国共产党党内，董必武是首先明确提出党政职能分开观点的领导人。早在1940年，董必武就在陕甘宁边区中共县委书记联席会议上讲话指出："党对政府的领导，在形式上不是直接的管辖。党和政府是两种不同的组织系统，党不能对政府下命令。党的构成分子——党员，在政府机关工作，同时就是政府工作人员中的一员。党和政府这样就发生了有机的联系。党在政府中来实现它的政策，是经过和依靠着在政府内工作的党员和党团。党只能直接命令它的党员和党团在政府中做某种活动，起某种作用，决不能驾乎政府之上来直接指挥命令政府。""党包办政府工作是极端不利的。政府有名无实，法令就不会有效。政府一定要真正有权。过去有些同志以为党领导政府就是党在形式上直接指挥政府，这观点是完全错误的。"[2]

1951年中央人民政府华北事务部召开的华北第一次县长会议，围绕党与政权机关的关系进行了详细、深刻的论述。概括起来，主要有以下几个方面：（1）党领导政权机关的方式。

---

[1] ［美］葛维宝：《法院的独立与责任》，葛明珍译，载《环球法律评论》2002年春季号。

[2] 《董必武法学文集》，法律出版社2001年版，第2-3页。

第四章
如何司法：人民司法在新中国初期的具体实践

"党是经过在政权机关中的党员的工作，使政权机关接受党的政策，来实现领导的。"（2）党政一定要分开，二者职能不能混同。"党领导着国家政权。但这绝不是说党直接管理国家事务，绝不是说可以把党和国家政权看作一个东西。斯大林同志说：党是政权的核心。党领导着国家政权，但它和国家政权不是而且不能是一个东西。这就是说，党领导着国家政权，但它并不直接向国家政权机关发号施令。党对各级国家政权机关的领导应当理解为经过它，把它强化起来，使它能发挥其政权的作用。""党无论在什么情况下，不应把党的机关的职能和国家机关的职能混同起来。党不能因领导政权机关就包办代替政权机关的工作，也不能因领导政权机关而取消党本身组织的职能。"（3）党对国家政权机关的正确关系应当是："一、对政权机关工作的性质和方向应给予确定的指示；二、通过政权机关及其工作部门实施党的政策，并对它们的活动实施监督；三、挑选和提拔忠诚而有能力的干部（党与非党的）到政权机关之中去工作。"这三个方面体现了党对政权机关的政治、思想和组织的领导。[①]在1956年党的第八次全国代表大会上，党的主要领导人进一步阐明了这些思想主张："我们党从来是把党组织和国家机关严格划分清楚的，党是通过自己的党员和党组织领导国家机关，而不是包办代替国家机关的工作，这是我们一贯坚持的原则。"[②]可见，早期共产党法律人对党与司法的关系有着比较清醒的认识。

---

① 《董必武法学文集》，法律出版社2001年版，第109-110页。
② 《董必武法学文集》，法律出版社2001年版，第347页。

人民司法：
司法文明建设的历史实践（1931—1959）

1949年以来，我们党和国家政权机关的关系，总体上是沿着共产党法律人设计的这个思路前进的。但被我们一直批评的党政不分、以党代政的问题实际上在相当一部分人的头脑中根深蒂固，在国家政权体制设置与实际操作方面长期没有得到解决，使我们的党在进行我们的社会主义事业中经验教训深刻。《中国共产党章程》总纲中已明确：党的领导主要是政治、思想和组织的领导。……党必须保证国家的立法、司法、行政机关，经济、文化组织和人民团体积极主动地、独立负责地、且协调一致地工作。

具体到司法领域，就是人民法院在党的领导下依法独立行使审判权，各级党委应当维护法院的权威，不能替代法院行使审判权。各级法院也要对党负责，在依法独立行使审判权时敢于提出不同意见。而正如共产党法律人一贯强调的那样，党的领导并不是党要管具体案件，党什么都管。"党是我们国家的领导核心，我们一切工作都是在党的领导下进行的。但党的领导不是每个具体案件都要党委管，如果这样，那还设法院这些机构干什么。"① 另一方面，法院要对党负责，敢于提出不同意见。"遇有经党委确定杀的案子，法院发现确有可不杀的事实依据时，应向党委提出意见；党委确定还要杀时，仍可声明保留意见向上级党委反映。这是对党负责，不是闹独立性。"②

总之，通过上述两部分的分析，我们可以得到一个基本的认识：司法的独立运作并不排斥与政党发生某种程度的关联。

---

① 《董必武选集》，人民出版社1985年版，第458–459页。
② 《董必武法学文集》，法律出版社2001年版，第254页。

第四章
如何司法：人民司法在新中国初期的具体实践

政党政治与司法独立审判之间并非不可兼容的。在法治状态下，司法的独立并不会危及政党的政治作用和领导地位。保持政党与司法之间适当的距离既不会否定党的领导，也符合司法的规律，能够真正实现公正审判，树立司法的公信力。

（二）政党与司法的关系

我国是社会主义国家，我们进行司法工作当然要坚持党的领导。因为社会制度、政治传统等方面的不同，我们没有必要像美国那样把政党对司法的影响看成是十分忌讳的事情。但面对司法实践中凸显出来的种种问题，党也应该积极推进对司法工作的领导方式的改革。我们应该有一个观念和态度的转变，即要认识到直接干预司法工作的做法既不符合时代的要求，也违背司法的基本规律。要实现司法的公正，树立司法的公信力，我们就应该遵循司法的规律，给司法以足够的空间，保证审判的独立性，真正把党的领导范围限制在组织、政策、人事等方面，不再干涉对具体案件的处理。这其实是共产党法律人对司法工作的一贯立场，这样做既不会损害党对司法事业的领导，也能推进司法事业的进步。

1. 司法独立不会损害党对司法工作的领导

从现代法治国家的实践经验来看，政党与司法不可避免地有着种种联系。通过上文关于美国政党与司法关系的分析，我们从中得出一个结论：在现实生活中绝对的司法独立是不存在的。即使从美国这样法治国家的典范来看，政党对司法也是存在着影响的，只不过其手法是隐性的影响而不是直接干预。比如，美国最高法院所作出的裁决其实体现了社会的主流意识和不断变化的需要。"最高法院的法哲学阐明

人民司法：
司法文明建设的历史实践（1931—1959）

了每一法律制度都固有的矛盾：法律必须是稳定的，但又不能静止不动。……运行中的最高法院大体上反映了本国的历史；其主要推动力是要满足本国历史上每一阶段所感受到的迫切需要"。① 而法官的政治偏向在其中毫无疑问起了重要的作用。

我们在认清了这种现实后，就要承认政党对司法的影响，不必忌讳讨论党对司法工作的领导。我们也不必担心实现司法独立审判后会脱离党的领导，因为党与司法保持一定的距离并不会损害党对司法的领导。相反，司法公正得到实现、司法的公信得到树立有利于贯彻党的意志，实现了人民群众对于党与社会公正的期许，是巩固了党的领导。

长期以来，有一种错误的观念，就是把"党的领导"与"司法独立审判"对立起来。把"司法独立审判"与"不要党的领导"简单画等号。通过上述的分析，我们应该纠正这种错误的观念。党领导司法的目的是为了更好地实现司法公正，"党的领导"本身不是目的，司法独立审判本身也不是目的，它们都是达到司法公正的有效制度保障。"司法独立审判只能够防止最坏的，不能够保证是最好的。司法独立审判不一定必然导致司法公正，但司法不独立，随便受到支配、役使和干涉，就一定会不公正。应当把党的领导与司法独立审判辩证的统一起来。"②

---

① ［美］伯纳德·施瓦茨：《美国最高法院史》，毕洪海、柯翀、石明磊译，中国政法大学出版社2005年版，第413页。

② 李雅云：《政党与司法的关系——以美国联邦大法官为例》，载《中共中央党校学报》2008年第5期。

第四章
如何司法：人民司法在新中国初期的具体实践

因此，我们在反思党与司法关系的时候，是否可以让党与司法的关系处理得更加科学合理一些呢？也就是司法的规律要求审判工作独立进行才能实现司法公正，政党如果对司法有影响也应该是隐性的影响而不应该是直接的干预。其实，董必武也正是懂得司法的规律才不断强调审判工作要保持独立性的，在这一点上他为我们奠定了坚实的思想基础，有利于我们当前实现党对司法工作领导方式的改革。

2. 从1950年代到当前社会的变迁

在学理上，"领导党"与"执政党"是存在很大差异的。① "作为领导党，中国共产党是领导全国各族人民和社会主义事业的核心力量，它把握国家的政治方向、重大决策、方针路线，向国家政权机关推荐重要干部。作为执政党，中国共产党通过其党员间接行使其根据宪法和法律获得的国家公共权力，包括立法权、行政权、司法权等。"② 随着中国共产党在国家中的地位以及所面临的历史任务的转变，党与国家政权的关系也相应发生了根本性变化，过去的革命党、领导党理应实现向执政党的历史转变。否则，混淆了"领导党"与"执政党"两个概念，就会出现某种程度上"政党领导权"与"国家权力"边界模糊的状况。

在20世纪50年代，新中国社会主义法制还处于初创阶段，需要通过党的领导来改造旧式的司法以建立社会主义新式

---

① 关于"领导党"与"执政党"内涵之比较，参考张恒山、李林等：《法治与党的执政方式研究》，法律出版社2004年出版，前言。

② 封丽霞：《执政党与人大立法关系的定位——从"领导党"向"执政党"转变的立法学阐释》，载《法学家》2005年第5期。

人民司法：
司法文明建设的历史实践（1931—1959）

司法，司法系统中工作人员成分复杂、政治理念不同，也需要在党的领导下进行司法系统的政治改造，训练司法人员的人民司法意识和马克思主义的世界观。另外，当时的法律制度也十分不健全。因此，这就要加强党对司法工作的领导，法院也要对党负责，当时党对司法工作的干预是较为直接的，党与司法的关系在当时可以说是直接的干预。这在早期共产党人的代表性论述中得到了体现："司法工作整个来说，是在党委领导下逐步建立和发展起来的。"① 这样的做法符合当时中国共产党人初建国家政权的时代背景，与中国共产党当时作为革命党、领导党的身份相符。

经历了"文革"十年后，司法机关亟须重建，这个阶段当然也需要党的领导。20世纪80年代，由于当时的社会治安的严峻形势，为集中打击暴力犯罪，彭真在1979年全国城市治安会议上再次提出："为了能够及时地、准确地依法处理重大刑事案件，在今后一个短时期内，公、检、法三机关要在党委领导下，采取集体办公的方式办案，互相配合、互相制约，切实弄清案情，分头依法办理"，② 并且在1980年《中共中央关于成立政法委员会的通知》（中发〔1980〕5号文件）中也提出，政法委员会"组织党内联合办公，妥善处理重大疑难案件"。联合办案的高潮从1983年的"严打"运动开始出现。党委以及政法委对司法机关的领导和直接干预成为现实状况，这种情况一直持续至今。

---

① 《董必武法学文集》，法律出版社2001年版，第312页。
② 彭真：《论新中国的政法工作》，中央文献出版社1992年版，第201页。

第四章
如何司法：人民司法在新中国初期的具体实践

随着改革开放的不断深入，党的十五大作出了依法治国、建设社会主义法治国家的重大决策，法治的理念逐渐深入人心。到目前，中国特色社会主义法律体系基本形成，民众的法律意识和权利意识大为增强，社会对司法公正的要求也越来越高，面对司法公信力下滑的状况，司法改革迫在眉睫。时代背景要求我们也允许我们推进司法改革，真正实现自早期共产党法律人提出的并被我党不断强调的审判独立，这才是一个逐渐走向成熟的法治社会的表现。我们所处的时代与新中国成立初期的环境已经大为不同，我们需要的是践行宪法和法律，保证司法机关独立行使审判权。在新的形势下，如何正确处理党与国家政权，党与立法、执法、司法的关系，就成为一个政党从领导党向执政党转变必须思考的问题。当前，意识形态的差异被理性看待，对于西方发达国家的一些理论和制度我们早已大胆地予以借鉴并且取得了良好的效果，我们可以学习借鉴其先进的法治理念和制度。在推进法治国家建设的今天，我们要继承董必武当年那种为新中国开拓法制新天地的决心和信心，发扬老一辈共产党法律人开拓进取的精神，实现中国共产党由革命党、领导党向执政党的角色转变，在党的领导下推进司法改革，最终实现法治。

（三）党法关系思想的意义

政党与司法有着当然的、不可回避的关联，对此我们不能否认。在中国共产党作为人民利益总代表的现实政治构架中，党的意识渗入司法领域具有合理性。问题在于如何处理好既要坚持党对司法的领导，又要保证司法审判的独立。理论上党与司法机关的目标一致性并不能抵消现实中二者存在的差异甚至冲突。然而,现实的情况是,党过于直接地渗入到司法领域。尽管党中央早已明确宣布,党对政法工作的领导,主要是组织、方针、政策的领导,各级党委要改变过去那种以党代法、以言代法、不按法律规定办事的习惯和做法。但是,由于历史和体制的原因,实际上权力还是集中在党组织手里,结果导致党组织对司法机关的领导权和司法机关对具体案件的处分权相混淆,同时也使司法人员对审理具体案件的责、权相脱节,违反了"审判独立"和"党必须在宪法和法律范围内活动"的宪法原则。所谓"依法办事就是服从党的领导"这种"微言大义"式的表达,很有代表性。于是就有了请党中央派钦差大臣处理具体案件的民意请求,造成民众这种判断的根源正是在于我们的现行司法实际情况。党对司法有着绝对的支配权,党与司法的关系过于紧密,让民众把二者混同了。坚持党对司法的领导是必要的。但是,执政党与公共权力之间必须界限分明,特别是与司法的距离应当"合适",应当充分尊重司法工作的规律。

司法机关是执法裁判机关,应该只服从于法律,这是法治社会的应有之意。司法机关独立审判与我国的政治体制并不矛盾。马克思指出:"法官除了法律就没有别的上司。"[1]在具体处理党与司法的关系之前,我们至少要树立起这样的一种现代司法的理念,这种理念并不是因为来自西方而值得学习,而是因为它符合司法的规律,是树立司法权威和公信力的必由之

---

[1] [德]马克思、恩格斯:《马克思恩格斯全集》(第1卷),人民出版社1960年版,第76页。

第四章
如何司法：人民司法在新中国初期的具体实践

路。这个理念就是政党要保持与司法的距离，给司法留出足够的空间，使司法机关在具体案件中得以独立审判，这样才能树立起司法的公信力。只有树立起这种现代的司法理念，我们才能进一步去改善党与司法的关系。

我们应该改善党对司法工作的领导，要逐步使党对司法机关的领导由行政化工作方式向政治化的工作方式转变，从对具体工作的领导向对重大方针政策的指引转变，从低层次的事务化领导向高层次的政治领导转变等等。而关键在于要解决审判机关在领导体制上向谁负责并报告工作的问题。我国宪法虽已经规定，法院应向人大及其常委会负责并报告工作，但实际上是向党的政法委负责，这种状况必须改变。在这方面，美国最高法院的做法值得我们借鉴。"自马歇尔大法官首创司法违宪审查权以来，现实的权力斗争就在宪法解释过程中留下党派斗争的痕迹，各种意识形态也会在宪法解释过程中交手过招。但是由于独特的制度设计和运作理念，美国宪法的解释过程毕竟没有变成各种利益赤裸裸较量的过程。而且通过最高法院的法律推理过程，通过九位大法官在每个案件中所公开发表的多数意见、协同意见和异议意见，法律人特有的理性精神和说理的技术也对整个政治制度产生了某种有益的影响。"①

改革开放以来，我国在政治、经济、文化等领域都进行了深度的变革，尤其是经济领域取得了举世瞩目的成效。相比而言，政治体制的改革显得滞后，这影响了我国经济的持续健康

---

① ［美］凯斯·R.桑斯坦：《就事论事：美国最高法院的司法最低限度主义》，泮伟江、周武译，北京大学出版社 2007 年版，译者导言。

发展。当前，社会各方面的矛盾凸显，进一步深化司法改革、落实司法独立审判作为政治体制改革的重要组成部分也日益受到重视。党的十八大报告提出，要进一步深化司法体制改革，坚持和完善中国特色社会主义司法制度，确保审判机关、检察机关依法独立公正行使审判权、检察权。习近平总书记也指出，要努力让人民群众在每一个司法案件中都感受到公平正义，所有司法机关都要紧紧围绕这个目标来改进工作，重点解决影响司法公正和制约司法能力的深层次问题；要确保审判机关、检察机关依法独立公正行使审判权、检察权。确保司法机关独立行使职权已成为我国司法体制改革的基本目标。

早期共产党法律人对在社会主义条件下如何建设司法事业的问题有着非常精辟的论述。他们关于党与司法关系的认识，既强调党对司法事业的领导，也强调党与审判工作的分开，遵循了客观规律。在那样的时代提出前述观点是难能可贵的，也是符合现代法治精神的。如果从20世纪50年代之初我们就按照这样的设想来建设司法事业，或许就可以避免许多违背法治的现象，我们的司法事业也应该是一番更好的景象。平衡好党与司法的关系，具体而言就是党在处理与司法的关系时，要与司法在形式上保持一种距离，不对具体案件进行直接干预，只通过政治、思想、组织的隐性方式来领导司法工作，保证司法机关独立审判的实现。

五、人民司法与刑事错案：新中国司法文明建设的亮点

中共八大明确提出了"有法可依，有法必依"的著名法制

第四章
如何司法：人民司法在新中国初期的具体实践

建设指导思想，并明确提出"依法办事，是我们进一步加强人民民主法制的中心环节"①的思想，要求一切国家机关都必须依法办事，对我国法制建设影响深远。而"依法办事"等一系列法律思想又正好贯穿于"人民司法"的思想之中。人民司法有着鲜明的人民性和政治性，拉近了群众与司法的距离，巩固了共和国政权的合法性基础。同时，共产党人十分重视追求人民司法的法律性，强调依法办事，这不仅统一了司法的工作原则，维护了人民司法的权威，也为国家的健康发展作出了贡献。

目前，社会主义法律体系已经形成，我国的司法实现了"有法可依"。我国的司法口号也从"人民司法"转化为"司法为民"。"司法为民"要求我们的司法工作要追求法律效果、政治效果、社会效果的最大化，实现"三个效果"的有机统一。但是，我们在司法实践中是否做到了"依法办事"，司法是否坚持了法律性这一基本属性，是否做到了法律、政治、社会效果的三统一呢？不可否认，在现实的司法实践中我们还存在很多问题。比如，有的审判人员办案时并不完全依照法律，其理由是为了追求更好的社会效果或政治效果，这类案件严格来说属于错判，可是在审判人员那里却显得颇为无奈或者理所当然，这对司法的公正性和权威性带来了严重的损害。此种情况其实也是目前司法实践中的一个困境，困扰着司法人员。

我们在追求政治、社会效果的时候，一定要以保证法律效果为基础。中国特色社会主义司法所追求的三个效果是辩证统一的关系，但是，法律效果应该是其他二者的基础。在这个

---

① 《董必武政治法律文集》，法律出版社1986年版，第487页。

人民司法：
司法文明建设的历史实践（1931—1959）

问题上，早期共产党人给我们做出了很好的榜样。以董必武为代表的共产党法律人对刑事司法的态度一直十分谨慎，坚决反对错判，尤其反对错杀。为了防止、减少错判，以董必武为代表的共产党法律人提出了一系列措施，取得了良好的效果。本节将重点考察共产党法律人对刑事司法中错判的看法、采取的措施、取得的效果等，以期解读人民司法是如何在体现人民性与政治性的同时，也坚守了法律性这一关键点。这一新中国司法文明的重要创建构成了司法文明的一大亮点，值得我们当今司法实践积极借鉴。

（一）新中国审判工作的大致背景

新中国成立之初，人民法院的审判工作没有正规的法律制度可资遵循，国家的治理主要是依靠党的政策，依靠党委领导下的群众运动来进行的。到 1953 年，新中国初期的司法工作经过了土地改革、镇压反革命、"三反""五反"和司法改革运动。因此，可以说新中国初期的司法建设是从群众运动中走来的。但是，共产党法律人也认识到了群众运动的负作用："群众运动是不完全依靠法律的，甚至对他们自己创造的表现自己意志的法律有时也不大尊重。"① 群众运动会"助长人们轻视一切法制的心理"。② 因此，到 1953 年，在基本实现了土改、镇反等社会改革运动后，最高法院对审判工作提出新的要求："今后的人民民主专政工作必须用也可能用正规的革命法制来施行，并用以保障人民利益和国家建设事业的顺利进

---

① 《董必武法学文集》，法律出版社 2001 年版，第 196 页。
② 《董必武法学文集》，法律出版社 2001 年版，第 350 页。

第四章
如何司法：人民司法在新中国初期的具体实践

行。"[1]1954 年，第一届全国人民代表大会召开，宪法得以颁布和实施，人民法院组织法、人民检察院组织法也公布和施行，新中国迈开了法制建设的步伐。到 1956 年中国八大召开时，在国家的主要任务已经由解放生产力变为发展生产力的形势下，需要"逐步制定完备的法律，建立健全的法制。"[2]于是，共产党领导人在这次会议上提出了著名的论断："依法办事是我们进一步加强人民民主法制的中心环节"，进而要求做到"有法可依，有法必依"。[3]

应当看到的是，在"依法办事"思想提出时，新中国法制建设刚刚起步，法制很不健全，而且群众运动依然盛行，这种情况为贯彻依法办事制造了相当大的困难。但是，就是在这种情况下，共产党人依然坚持了依法办事。针对刑事司法领域冤案、错案频发的状况，以董必武为代表的法律人提出了防止、减少错判的思想和具体措施。

（二）刑事错判的认识、举措和成效

1. 对刑事错判的认识

新中国成立之初，司法工作的主要方向集中在清理冤假错案的问题上。当时司法工作中存在着较严重的冤假错案问题："司法工作当前的严重问题有两个：就是错捕、错押、刑讯逼供和错判、错杀。这样的问题严重不严重呢？应当说

---

[1] 转引自《当代中国的审判工作》（上册），当代中国出版社 1993 年版，第 42 页。

[2] 转引自《当代中国的审判工作》（上册），当代中国出版社 1993 年版，第 347 页。

[3] 《董必武法学文集》，法律出版社 2001 年版，第 352 页。

是严重的。"① "全国解放三年以来，人民法院处理了多少案件呢？……大约地估计了一下，在六百万件以上。……在这六百万件案子中，判错的估计大概百分之十。"② 可以看出，在新中国成立之初的几年里，由于法制不完善等原因，错判问题十分严重。

之所以在新中国建立之初十分重视错案的纠正与防范，主要还是坚持了人民司法的法律性，人民司法的法律性是人民司法的人民性和政治性的基础，其要求注意通过司法活动维护人民的利益和党在人民心中的崇高威望及政治影响。在司法审判的过程中，要让人民感受到司法的公正，让他们感受到利益得到保护，这样，人民才会对党的司法事业产生信任感，司法工作也才能取得好的效果。"处理错判、错杀案件是关系人民生命财产和党与政府在人民群众中的政治影响的问题，我们应当认真地、严肃地、仔细地去处理，那种简单、粗暴、鲁莽的态度是有害无益的。"③ "只要司法部门因为有案子判错了，人民就不服，就会提出意见。司法部门发觉了一部分问题，也解决了一部分问题，纠正了一些错误，人民就欢迎。"④ 不仅如此，在新中国法制建设的过程中，"在逐步完备起来的人民民主制度和人民民主法制之下，人民的民主权利应该受到充分的保护。"⑤

---

① 《董必武政治法律文集》，法律出版社1986年版，第280页。
② 《董必武政治法律文集》，法律出版社1986年版，第273页。
③ 《董必武法学文集》，法律出版社2001年版，第281页。
④ 《董必武法学文集》，法律出版社2001年版，第280页。
⑤ 《董必武法学文集》，法律出版社2001年版，第310页。

第四章
如何司法：人民司法在新中国初期的具体实践

2. 防止、减少刑事错判的具体措施

如何防止、减少刑事错判呢？具体应当从以下四大方面展开：

第一，强调从思想、实践、监督等环节上下功夫。"……改善审判作风的一些具体办法，其中主要的办法是：加强政治思想领导；认真学习辩证唯物主义和国家政策、法律、法令；严格掌握从实际出发，调查研究，实事求是，重证据不轻信口供的原则；同时，最高人民法院和各高级人民法院必须加强督导、检查工作、加强审判监督。"①

第二，强调制度建设对防止、减少错判的意义。"我们要防止错判，减少错判，就必须建立各种制度来保证。"人民法院组织法中规定的合议制、陪审制、辩护制、公开审判、审判委员会共同来促进这一目标的实现。②

第三，在办理肃反等案件时要把握好中共的一贯政策："我们国家对反革命分子的政策，从来就是镇压与宽大相结合的政策。人民法院就是按照这个政策处理反革命案件的。"③镇压与宽大结合的政策也为正确处理肃反案件，有效防止错判指明了方向。

第四，严格依法办事，也是有效防止和减少错判的重要一环。"关于人民法院在肃清反革命分子的斗争中执行法律制度的问题，中华人民共和国宪法、人民法院组织法的公布施行，向人民法院提出了严格遵守国家法制的要求。人民法院认

---

① 《董必武法学文集》，法律出版社2001年版，第398页。
② 《董必武选集》，人民出版社1985年版，第364–365页。
③ 《董必武选集》，人民出版社1985年版，第397–398页。

人民司法：
司法文明建设的历史实践（1931—1959）

真地执行国家的法律制度，是正确地审判案件最重要的保证之一。"①

此外，"为了防止错判，除了有上面这些制度外，还必须有两个条件"。这"这两个条件一个是解决立法问题，比如制定刑法、刑事诉讼法；另一个是解决人的问题，就是有提高办案人员的法律科学知识，使他们能恰当地运用法律，而这个是比立法更难解决的问题。"②正说明，早期共产党法律人早就将立法的工作和法律人的培养视为人民司法工作的基石了。针对第一个条件，即解决立法问题，鉴于当时国家还没有制定出刑事、民事诉讼法，"我们在一九五五年总结十四个大、中城市人民法院刑事、民事案件审理程序经验的基础上，继续完成了全国各级人民法院刑事、民事案件审判程序的总结，……发至全国各级人民法院试行。"③这个"程序总结"分为案件的受理、审理案件前的准备工作、审理、裁判、上诉、死刑复核、再审和执行八部分，从立案到判决、执行等各个诉讼程序乃至刑事判决书的制作都作了具体规定，初步统一并规范了全国法院审理刑事案件的程序。④针对第二个条件，共产党人特别重视政法人才的培养，积极创办政法院校和法学杂志等营造司法人才培养的人文环境。

3. 防止、减少错判的思想在司法实践中的有效贯彻

共产党法律人不但提出了以上四点措施来防止和减少错

---

① 《董必武选集》，人民出版社1985年版，第400页。
② 《董必武选集》，人民出版社1985年版，第364-365页。
③ 《董必武政治法律文集》，法律出版社1986年版，第496页。
④ 《董必武政治法律文集》，法律出版社1986年版，第403页。

第四章
如何司法：人民司法在新中国初期的具体实践

判，而且在实践中也积极促使司法审判人员真正地贯彻这一思想。现以肃反斗争为一例来说明情况：

"在这次肃清反革命分子斗争的审判工作中，各级人民法院都是遵照宪法和人民法院组织法所规定的审理程序进行的。人民法院组织法所规定的公开审理、陪审、合议、辩护、回避等各项审判制度，已成为各级人民法院审理刑事案件的通常制度……法律还规定了审判监督程序和死刑复核程序。这样就保证了人民法院办案不错或少错。"①

"上级人民法院除了依照审判监督程序对下级人民法院实行监督以外，还相当广泛地采用了抽查案件总结经验的办法，以总结的经验来指导下级人民法院的审判工作；同时，在抽查的案件中，如发现有错判的案件也及时按照法律程序进行改判。"②

此外，通过有效的审判监督，纠正了下级法院部分判决在认定事实或执行政策、法律上的错误，有效防止、减少了错判。"人民法院的审判工作还受到来自广大人民群众的监督。……在这次肃清反革命分子的斗争中，人民群众积极地协助人民法院核对证据事实，还对某些判处不当的案件提出意见，这就使人民法院有可能在更大的程度上，避免和减少错案的发生。"③

另外一个例子是最高人民法院向各高级人民法院院长提出了复查和清理案件的政策界限和法律程序的意见："对于查出的冤案、错案，分别予以平反、改判。"以甘肃省各级人民法院的复查和清理为例："甘肃省各级人民法院检查了一九五

---

① 《董必武选集》，人民出版社1985年版，第401页。
② 《董必武法学文集》，法律出版社2001年版，第402页。
③ 《董必武法学文集》，法律出版社2001年版，第402–403页。

年一月至一九五六年九月所判处的反革命和其他刑事案件二万八千九百三十七件,查出冤案七百四十九件,错案七百零七件;已改判无罪释放的一千二百零八人,其余改判教育释放。"① 可见,这次平反和改判冤案、错案的工作是卓有成效的。

此外,对于上诉和复核案件的处理也取得了良好的效果。申诉程序也是实行审判监督的一项重要工作,它有效地纠正了错判;最高人民法院也进行了自我复查等等,这些措施也都纠正了大量的冤案、错案,保证了司法的公正,实现了人民司法的法律性,做到了依法办事,取得了良好的法律效果。

(三)坚持三效果的统一

早期共产党法律人在深刻论述人民司法的政治性和人民性的同时,也是十分注重强调人民司法的法律性。"依法办事"的重要理念提出后,共产党法律人进一步认为,"依法办事有两方面的意义:其一,必须有法可依。……其二,有法必依。凡属已有明文规定的,必须确切地执行,按规定办事;尤其一切司法机关,更应该严格地遵守,不许有任何违反。"② 因此,司法公正对人民司法事业的重要性,要求用制度建设来保证司法公正的实现,而司法公正正是人民司法法律属性的表现。

人民司法的法律性在对刑事错案的认识和处理上可以得到很好的反映,错案的处理不仅坚持了司法的法律性,让司法工作做到了有法可依,而且也确实取得了良好的效果。人民的

---

① 《董必武政治法律文集》,法律出版社 1986 年版,第 498 页。
② 《董必武选集》,人民出版社 1985 年版,第 418–419 页。

第四章
如何司法：人民司法在新中国初期的具体实践

利益得到了保障，法律的权威得到了维护。

"人民司法"有政治性、人民性和法律性等属性，对应到现在"司法为民"则是追求了政治效果、社会效果和法律效果。在那个法律基本空白而群众运动兴盛的年代，共产党法律人秉承了法制的观念，无疑挽救了很多人的自由和生命，为保护我国法制建设、人民权益、国家的稳定健康发展作出了巨大的贡献，使司法实现了法律效果、政治效果和社会效果的统一。

（四）当前实现的困境

中国特色社会主义司法要求司法工作必须追求法律效果、政治效果、社会效果的最大化，实现"三个效果"的有机统一，这是毋庸置疑的。但是在具体的实践过程中，则并不是所有人都能够很好地把握好三者的平衡。有些司法人员在办案的时候会感到迷茫，在这三个效果关系的处理上犹豫不决，有时最终妥协于所谓的政治或社会效果，却使司法丧失了基本的法律效果，这种司法在法律上讲是错误的，最终往往也无法实现良好的政治和社会效果。正如有学者指出的那样："人民司法内部却始终存在革命理想与司法技术间的冲突和紧张……历史表明，过分强调司法要为中心工作服务常常导致司法的失误和偏差，一是颠倒和混淆了法院的职责，二是常导致法院把司法程序抛在一边，不依法律程序办案，容易酿成冤假错案。"[①]

司法工作的社会效果和政治效果如今越来越被大家重视，

---

① 何永军：《人民司法传统的表达与实践（1978—1988）》，载《司法》2008 年第 3 期。

人民司法：
司法文明建设的历史实践（1931—1959）

人们不再单纯地追求法律效果，这在任何的国家都是一样的。我国正处于改革开放的急速转型期，法制还不完善和稳定，司法公信力又有滑坡的趋势。因此，司法工作强调追求社会效果和政治效果也是十分必要的。但是，如何在司法工作中求得良好的社会效果或政治效果，而又不丧失基本的法律效果，则成为当前司法的一个困境。对于如何理性地平衡法律效果与政治效果、社会效果的关系，有学者给出了这样的建议："司法的社会效果和法律效果具有统一的一面，也有矛盾的一面，司法活动追求社会效果可以在特殊情形下，在严格的规则和程序导向下，可以变通适用法律，但主要应当在法律之内或通过法律实现社会效果的最大化。"[1] 也就是说，追求社会效果时不能随意突破法律的界限，除非在特殊的情况下，又有严格的规则和程序导向。同样，对于政治效果的追求也应该以法律为界限，不能突破现有法律来达到政治目的。对于突破法律的界限来追求其他的效果，早期共产党法律人给出了解决方案："在法制的执行过程中，如果发现它的规定有不符合或不完全符合当地当时的具体情况，就应该按照法定程序，提出必要的修改、补充或变通执行的办法。"[2] 总体而言，中国特色社会主义司法工作还是要以追求法律效果为基本要求，在法律之内或者通过法律来实现社会效果和政治效果的最大化，变通法律是有着严格条件的。只有坚持了这一理念，才符合法治的要求，才能在司法实践中不迷失方向。

---

[1] 江必新：《在法律之内寻求社会效果》，载《中国法学》2009 年第 3 期。
[2] 《董必武法学文集》，法律出版社 2001 年版，第 352 页。

第四章
如何司法：人民司法在新中国初期的具体实践

从以上论述可以看出，中共在新中国建立之初所强调的人民司法的三个属性时，并没有因为对政治性和人民性的强调而忽视了法律性。强调依法办事，保证司法公正，即是对人民司法法律性的坚持。这也是早期共产党人所倡导的人民司法为何能得到人民拥护的原因之一。"文革"时期，人们完全抛弃了司法工作的法律性，司法工作如果只有人民性和政治性，却没有法律的约束，那么即使有好的目标，也不会有好的结果。也正因此，"文革"以后，人们在构建新时期法制的时候，首先想到的就是"依法办事"的法律思想。而且，在"有法可依，有法必依"要求的基础上，邓小平同志又对之加以发展，增加了"执法必严，违法必究"的要求，使之更加完善。直至今天，在我们确立了依法治国理念，进入了法治的时代后，"依法办事"依然是我们司法工作的一个重要准则。

当前，在我国社会主义法律体系基本形成后，有法可依的要求基本满足了，党和人民的意志已基本为法律所确定下来。因此，坚持了司法工作的法律性就是坚持了人民性和政治性，如我国法制建设中的人民陪审员、人民监督员制度，就是司法工作的人民性体现。我们今天要更严格地按照依法办事的理念来进行司法工作，不能以追求社会效果和政治效果为由突破法律的框架。现在我们要集中精力解决的是如何做到有法必依。不仅普通司法人员要坚持依法办事，领导干部尤应具备这个意识。否则，没有一个稳定的准则，司法人员将无所适从，难以正确、有效地司法。这不仅是个理念问题，也是一个技术问题，需要有一整套解决方案，要有制度的保障，需要我们进一步思考。当然，单纯强调司法的法律性可能会产生使人民对司法工

人民司法：
司法文明建设的历史实践（1931—1959）

作产生距离感的问题。但是，我们并没有忽视司法工作的法律性的意思。在这个法治的时代，我们还是应该在法律的框架内开展司法工作，来追求我们要达到的最优司法效果。因此，我们们强调司法工作的法律性的问题，强调依法办事的主题，是为了使司法工作能够稳定地开展。

第五章　人民司法：新中国司法文明建设的当代遗产

人民司法的核心在于建构符合国家意识形态下的国家和人民满意的司法理念，正如以董必武为代表的共产党法律人在对人民司法制度的精辟断言中所认为的那样，"人民司法的基本精神是要把马恩列斯的观点和毛泽东思想贯彻到司法工作中去。人民司法基本观点之一是群众观点，与群众联系，为人民服务，保障社会秩序，维护人民的正当利益。要看我们的审判工作是不是便利于老百姓，是不是有利于巩固人民民主专政，是不是对建设社会主义起保障和促进作用。"由此可见，人民司法的最终目标是为了保护人民的合法权益，并为广大人民服务，采取的司法文明方式也是以最便利人民群众为基本指南，衡量的标准是有利于人民的最高利益、巩固人民民主专政和建设社会主义。因此，在司法的政治性上，人民司法文明观本质上是马克思主义法律观的中国化，是马克思主义关于法的本质、属性、价值、作用等的科学理论、系统思想和基本观点与中国革命与社会主义建设法制实践相结合的产物，是马克思主义世界观和方法论在新中国法制思想领域的具体体现。① 在当前依然以马列主义中国化作为意识形态的时代，人民司法文明观的意义是不可否认的，也是老一辈革命家留给当下中国司法改革的重要遗产。在董必武的人民司法观体系中，他关注更多的是人民法院的性质、任务、原则、制度，方向性的确立是人民司法遗产在当前司法改革关键期依然具有现实意义的重要原因。如人民法院是国家唯一的审判机关，其任务是惩罚犯罪分子，维护人民的合法权益，通过审判活动教育群众守法；独立审判原则的基本含义是法院专门进行审判工作，不受行政机关的干涉，党对法院工作的领导是方针政策的领导；公开审判是审判活动的重心，各项审判工作制度是提高办案质量、防止和减少错判的保障等等。这些振聋发聩的论述直到现在依然具有参考价值。因为在董必武看来，法律文明是人类文明的主要一项，而司法正是法律文明的第一位或第二位的内容。司法文明是社会主义精神文明、物质文明、政治文明在司法领域中的表现形式，是人类社会在长期的司法活动中创造的精神成果、物质成果的总和，包括适应经济基础的、与其他上层建筑相协调的司法体制、先进的司法理念、科学的司法理论、完备的司法规范、健全的司法制度、文明的司法行为方式以及体现浓厚法文化的、展示崭新法治形象的、渗透科技含量的司法设施设备。在这些司法体制和机制的建设过程中，共产党人以人民司法观为主线，历经革命不同时期的苦难艰辛历程，不断创造出适合中国国情的司法理念、司法规范和司法文化，推动

---

① 琚运富：《加强董必武司法文明观研究，开展社会主义法治理念教育》，载《董必武法学思想研究文集》（第六辑），第 345 页。

第五章
人民司法：新中国司法文明建设的当代遗产

了新中国司法文明的不断进步。

实际上，中国当前应该实行什么样的司法制度，归根到底应该由中国的国情、性质、历史传统和民族特质等决定。中国司法制度只有立足于基本国情、民族传统和发展阶段，才能真正发挥作用，真正符合人民司法的要义，真正让人民满意。

首先，人民民主专政的国家性质决定了不仅当前，甚至未来中国必然实行人民司法的理念与制度。国家法律体现了国家统治阶级的意志，作为法律的重要内容之一的司法制度也必然由政治制度决定，确认、保障和促进了政治制度建设。作为执政党，中国共产党通过树立正确的司法理念，以人权、法治、民主和公正作为引导司法机关构建法律效果和社会效果的统一，在依法办事办案的前提下，通过个案让每一公民感受到社会主义司法的正义，从而对法律本身固有的缺陷进行弥补，达到法律实质正义的目的。人民的司法在此才能真正为人民带来实惠。

其次，人民司法是中国法律传统在当代继承与发展的必然结果。注重以民为本，是中国自古的文化传统。正所谓"民惟邦本，本固邦宁""天地之间，莫贵于人"，主张"民为贵，君为轻"。而且这些文化传统深刻地体现在一些立法思想上，如西周提出的"敬天保民"及后来提出的"政之所兴，在顺民心；政之所废，在逆民心"等法律思想。同时，传统社会强调无讼的理想世界，重视息诉和调解的传统法律文化，虽然在现代社会中有了很大的变化，但作为特定民族生活的记忆，不可能在短时间内或者在根本上发生改变。因此，以维护社会和谐和人民根本利益为主旨的人民调解等人民司法制度极好地适应了中国民族生活习惯和心理状态，成为人民司法观为世界法治发展贡献的"东方经验"。

最后，人民司法是近现代中国司法实践发展的当然结果。自清末到新中国成立前形形色色的法制改良在"中体西用"的指导下反复上演，最终因为仅是为了维护统治者的地位和利益，而无法从根本上维护广大人民群众的根本利益而落空。与之形成鲜明对比的是，人民司法制度是近现代以来，在中国共产党的领导下，通过董必武等人的集体智慧创造的，以保护人民的根本利益为出发点而建立的。人民司法以独特的审判形式，结合中国国情的司法权运行机制，以及以马锡五审判方式、死缓制度、犯罪劳动改造制度、人民陪审员和人民监督员制度等为代表的人民司法制度在司法实践中显示出了极强的适应性。这些制度之所以具有持久的生命力，就是因为与中国具体国情相结合，体现了最广泛人民群众的根本利益，符合人民司法政治性和人民性的根本要义。①

按照早期共产党人的看法，在社会主义中国，司法的政治性集中体现为司法的人民性。因为人民性是不断变化的，而为人民服务的政治性是恒久不变的。所以以人民性为基础的司法政治性改革必然是司法建设的永恒主题。在董必武看来，"法院主要是搞好审判"，"要提高审判工作质量，主要的是提高审判人员的政治思想水平。审判工作质量不高，有好几个方面的原因，政治方面、思想方面和业务方面，主要应该从政治和思想两方面来解决。当然这并不否认业务的重要性。"② 董必武在新中国初期谈到旧司法工作人员的改造问题时，也指出"过

---

① 石英：《人民司法制度的国情、特色和生命力》，载《光明日报》2008年12月8日。

② 《董必武政治法律文集》，法律出版社1986年版，第524-525页。

第五章
人民司法：新中国司法文明建设的当代遗产

去不管是司法工作人员、律师或是法学教授，都不能不受旧的国家和法律的局限。他们有适应旧社会生活的一套思想方法和工作方法，他们的观点、立场，他们的经验、习惯，他们的工作作风，在旧的国家里从事司法工作或做律师、法学教授等，可以站得住脚。可是，现在旧中国已经死亡，新中国已经诞生的时候，社会生活各方面已经改变或正在改变着。国家本质改变了，法律也改变了，司法工作人员、律师和法学教授不改变怎能站得住脚呢？所以旧的司法工作人员、律师和法学教授要继续担负起原来所担负的工作，就必须经过改造。""思想改造需要经历一个实践过程"，"实践以什么为标准？就是一切以广大人民的利益为标准，也就是一切以广大人民的利益为最高的利益。"① 思想改造是政治改革的前站，也是司法政治性的具体要求，以人民群众利益为标准的思想改革正是司法政治性体现司法人民性的要求。在此基础上，方能实现司法文明建设与政治文明建设的互动。用政治文明指导司法文明，司法文明推进政治文明。当前将司法体制改革作为中国政治体制改革的重要组成部分，我们依然不能忘记这样的告诫："作为司法工作人员，不能因独立审判对党闹独立，一切方针、政策都需要党的领导，要向党请示报告，请示党检查工作。"② 党与法的关系也是早期共产党人一直重视的问题，由于党领导人民制定法律，并带领人民依法管理国家各项事务，因此，以法律制度为载体、蕴藏于司法文明中的法治理念具有鲜明的政治性，

---

① 《董必武选集》，人民出版社 1985 年版，第 272–275 页。
② 《董必武选集》，人民出版社 1985 年版，第 460–461 页。

人民司法：
司法文明建设的历史实践（1931—1959）

反映了党的领导、人民当家做主、依法治国有机统一的根本特征，反映了中国特色社会主义法治建设的基本规律。树立社会主义法治理念，必须高度警惕和自觉抵制司法工作"非党化""非政治化""政治中立"等错误思想。早在新中国法制建设起步时，共产党人就已认识到增强司法权威的极端重要性，反复强调人民民主法制与人民司法必须拥有力量，体现权威，将维护法律与司法权威作为加强国家法制建设的客观要求。① 通过强调司法的政治性来推动司法的权威性。而这两点依然是当前司法改革和体制机制建设的指导标准。

中国历史经验表明，不坚持党的领导，照搬西方政治制度包括司法制度，只能导致社会动荡，国家四分五裂；不加强和改善党的领导、不支持人民当家做主，不依法治国和不坚持司法改革，同样会给社会主义事业包括人民司法事业带来极大的破坏。当前，学界深入研究人民司法观的历史传统及其思想体系，领会其深刻内涵，必然要同学习邓小平理论、"三个代表"重要思想和十八大精神结合起来，加强司法文明建设，坚持党的领导、人民当家做主和依法治国的有机统一，② 以"四个全面"，即全面建成小康社会、全面深化改革、全面依法治国、全面从严治党作为当前中国司法新常态建设的重要标准。

当前强调人民司法观的人民性，是以始终坚持马克思主义关于人民群众是推动历史的决定力量这一根本政治立场的坚定信念所决定的，因此依然要把"相信人民、依靠人民、为了人民"

---

① 公丕祥：《董必武的司法权威观》，载《西北政法学院学报》2006年第1期。
② 王密东：《论董必武的司法文明观》，载《董必武法学思想研究文集》（第三辑），第381-384页。

194

第五章
人民司法：新中国司法文明建设的当代遗产

作为人民司法建设和改革的根本指导思想。早在新中国建立之初，以董必武为代表的共产党人就指出法制要保障人民群众的广泛利益。他强调，我们的法律要"根据无产阶级和广大劳动人民的意志和利益来拟定。"① "我们的人民民主法制，是工人阶级领导的人民群众通过国家机关表现出来的自己意志。"②人民的意志在司法的公正性中得到体现。司法公正的维护一方面要坚持人民司法的观点。"人民司法的基本观点之一是群众观点，与群众联系，为人民服务，保障社会秩序，维护人民的正当权益。"③ "法院的判决不仅是要使当事人信服，更重要的是判决要符合广大人民的意志，要使群众信服。"④另一方面要坚持实体与程序并重的观点。"审判程序的规定应当体现人民法院组织法的各项制度，调节审判过程中的各项活动，以保证判决正确而同时又尽可能迅速。"⑤ "公开审判是审判活动的重心。"⑥总体而言，人民司法观所坚持的人民性和政治性，是人民司法观在新中国建立之初一以贯之的司法体制和机制建设的主线，也是当前司法建设和改革的主线，唯有坚持司法的政治性和人民性，才能真正实现人民的司法，确保人民民主专政的社会主义制度根本，保障法律权威，维护社会正义，实现人民司法让人民满意的宗旨。

---

① 《董必武选集》，人民出版社1985年版，第41页。
② 《董必武选集》，人民出版社1985年版，第475页。
③ 《董必武政治法律文集》，法律出版社1986年版，第117页。
④ 《董必武法学文集》，法律出版社2001年版，第238页。
⑤ 《董必武法学文集》，法律出版社2001年版，第408页。
⑥ 《董必武法学文集》，法律出版社2001年版，第384页。

后 记

  本书是中国法学会董必武法学思想研究会2014年度重点研究课题"董必武人民司法观与新中国司法文明建设"的最终研究成果，时值抗日战争暨世界反法西斯战争胜利70周年之际写就，意义不言自明。同时，本书也是受2015年度广东省哲学社会科学共建项目"广东瑶族纠纷解决机制研究"资助的研究成果。此外，本书更是我们这一研究团队已经出版的《中国法制的早期实践：（1927—1937）》一书的姊妹篇。

  全书由沈玮玮、叶开强校对统稿，各章撰写分工如下：

  绪论：沈玮玮（华南理工大学法学院讲师，法学博士）、叶开强（华南理工大学法学院博士研究生）。

  第一章，第一节：沈玮玮、叶开强；第二、三节：沈玮玮、韩伟（陕西省社会科学院政治与法律研究所副研究员，法学博士）。

  第二章，第一节：沈玮玮；第二节：赵晓耕（中国人民大学法学院教授，法学博士）、张璐［中国矿业大学（北京）文法学院讲师，法学博士］、杨光（中央编译局职员，法学博士）。

  第三章，第一、二、三节：沈玮玮、叶开强。

  第四章，第一节：马晓莉（中国海洋大学法政学院讲师，

后　记

法学博士）、赵晓耕；第二、三节赵晓耕、沈玮玮；第四、五节：赵晓耕、段俊杰（文化部艺术发展中心培训部助理研究员，法学博士）。

第五章：沈玮玮、叶开强。

本书的部分成果已在公开出版发行的期刊发表过，尤其是颇具影响力的《董必武法学思想研究文集》（第六、八、十二、十三辑）、《中国人民公安大学学报（社会科学版）》、《甘肃社会科学》等，借此机会向为这些文章发表付出辛劳的编辑表达诚挚的谢意。本书在写作过程中也得到了学界诸多前辈和挚友的帮助和支持，尤其是中国人民大学法学院革命根据地法制研究所所长张希坡教授和赵晓耕教授的悉心指导，华南理工大学法学院张洪林教授为本书的顺利写作提供了睿智的建议和优越的学术环境。对所有帮助我们的学友，再次表达我们最崇高的谢意。母校中山大学出版社的相关编辑为本书的出版付出的辛劳值得我铭记于心。愿我们所有人的努力能够为董必武法学思想的研究添砖加瓦，为当前中国司法改革和司法文明建设提供些许的智力支持。

沈玮玮
2016年5月于华南理工大学大学城校区法学楼

后 记

本书的撰写缘起是已故乡贤顾建行的倡议。其后，屠春飞博士、钱文军博士，一方面牵线、联系，另一方面筹措、整理；县文化广电艺术交流中心黄亚明主任提供支持；蒋争伟博士、周天浪先生、宋长健先生、华东政法大学法律学院徐美君教授、中国人民公安大学刘为军教授、《比较法研究》杂志主编高鸿钧教授、《中国检察官》杂志、湖北民族学院文学与传媒学院吴秀兰副教授等，帮助查询相关的资料文献和图文；尤其是中国人民大学法学院的陈卫东教授和我的博士生导师汪海燕教授接受邀请拨冗为本书作序，他们高屋建瓴的选题和感人肺腑的见解使本书蓬荜生辉；毛坚中先生和我的同事朱晓玲女士为本书扫描电子版；浙江嘉瑞成律师事务所杨俊律师为相关文献查阅提供便利等。对于所有这些，我相由衷感谢！

王海军
2016年5月于浙江海洋大学东海科学技术学院